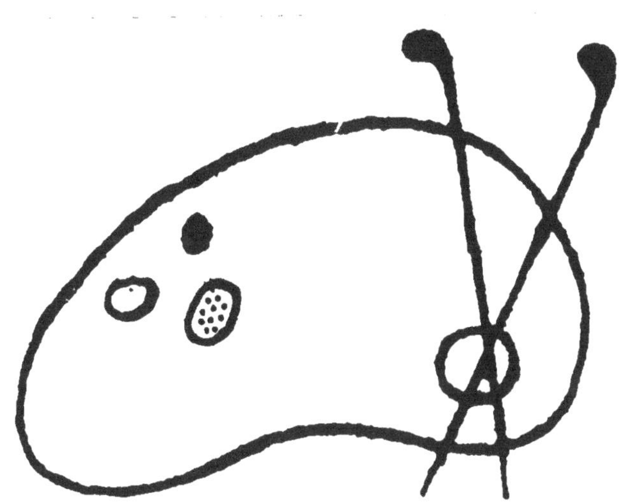

Début d'une série de documents
en couleur

NOTES ET IMPRESSIONS

A TRAVERS LE

« Féminisme »

PAR

MARIE C. TERRISSE

> I. Excursions dans Paris.
> II. Cherchez la femme.
> III. Liberté, Egalité, Fraternité.

PARIS

LIBRAIRIE FISCHBACHER

SOCIÉTÉ ANONYME

33, RUE DE SEINE, 33

1896

—

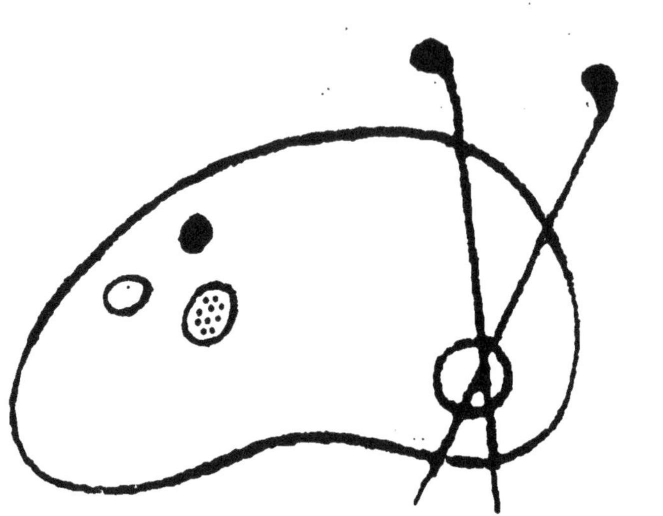

Fin d'une série de documents
en couleur

NOTES ET IMPRESSIONS

A TRAVERS LE

« Féminisme »

PAR

MARIE C. TERRISSE

I. **Excursions dans Paris.**
II. **Cherchez la femme.**
III. **Liberté, Egalité, Fraternité**

PARIS
LIBRAIRIE FISCHBACHER
SOCIÉTÉ ANONYME
33, RUE DE SEINE, 33
1896

—

INTRODUCTION EXPLICATIVE

——

L'auteur présente ici le résumé de ses observations faites pendant de nombreux séjours à Paris et entouré de circonstances particulièrement favorables à l'étude de la grande ville.

Ce qui suit constitue un ouvrage à la fois descriptif, philosophique et religieux.

Qui dit : « Notes et impressions », dit croquis, descriptions à bâtons rompus du monde extérieur, ou bien études rapidement esquissées du monde de la pensée, états d'âme variés selon les circonstances, et impressionnistes, pour se servir d'un mot consacré par l'usage.

Cependant, il existe ici une idée maîtresse, dominante, qui s'appelle le « féminisme » !

L'on dira :

— Qu'est-ce que le féminisme ? Une invention des temps modernes, quoi ?

En effet, cherchez dans le dictionnaire de l'Académie française, cherchez le mot : « féminisme », vous ne le trouverez pas.

Puisque le mot n'existait pas, c'est que l'idée non plus n'avait pas encore germé dans la pensée.

Le féminisme est donc quelque chose de nouveau, d'inédit, jusqu'à ces dernières années, et qui, né d'hier, a cependant conquis droit de cité dans nombre de pays. Il s'impose à la conscience de quiconque a dans l'âme quelque notion de justice humaine et impartiale.

Le féminisme est une chose morale qui marche, qui pousse en avant, et qui doit finalement triompher de tous les obstacles.

— Qu'est-ce donc que le féminisme ?

— Le féminisme signifie : « Revendication des droits de la femme comme personne humaine et responsable de ses actes ».

On tient la femme sous tutelle toute sa vie, elle est traitée comme une enfant, comme une mineure et presque assimilée aux aliénés.

Le féminisme demande à faire cesser cet état de choses, et cela sur toute la ligne.

— Cela m'étonne beaucoup ! s'écrie une dame.

— Naturellement !

Toute femme qui vit dans le bien-être matériel, a nassé de père en fils, entourée de personnes des plus comme il faut, ne se doute pas des misères, des souffrances, des hontes de tous genres, que crée à ses pauvres sœurs, lancées au milieu des diverses batailles de la vie, la situation déprimée de la femme en général.

Mais, que cette même femme, aimée, respectée, s'en aille visiter les malheureuses qui peuplent les hôpitaux, qu'elle franchisse le seuil des noires prisons, qu'elle aille enfin partout où la pauvre humanité va cacher sa souffrance, qu'elle cherche le ménage du pauvre ou qu'elle veuille porter remède à la corruption qui l'entoure, alors elle en apprendra long sur la servitude de son sexe.

Dès lors, pour elle, le sujet ne sera plus, ne pourra plus être indifférent et la femme comprendra que: dire son mot, quand l'on a un mot à dire, est un devoir. Ce devoir, de dire son mot, est le stimulant qui a inspiré l'auteur de cet écrit.

Et que l'on ne suppose pas que, ici, il y ait de l'exagération; au contraire, cet ouvrage n'est que de l'eau sucrée, à côté des réalités de la vie, telles qu'elle se présentent dans la plupart des milieux parisiens.

Et encore, ce n'est pas une question qui concerne l'histoire ancienne, le féminisme est un fait absolument actuel, vivant, une question pressante aux yeux de quiconque a l'esprit quelque peu ouvert à l'état actuel de la société.

D'une manière générale, la première partie de cet ouvrage dépeint les influences désastreuses exercées sur la jeune fille par l'abandon de celui qui, au moyen de promesses trompeuses, a obtenu d'elle ce qu'il voulait.

La seconde partie transporte le lecteur dans un autre milieu, celui de la femme corrompue et corruptrice.

Enfin la troisième partie indique le but que la femme doit proposer à son activité, à savoir : le rétablissement des droits de la conscience, du libre-arbitre et de la liberté bien comprise et bien entendue !

Tout cela, étant à l'état d'esquisse, laisse un vaste champ à l'étude du philanthrope, du chrétien et du légiste !

PREMIÈRE PARTIE

—

EXCURSION DANS PARIS

I

Nous entreprenons une excursion dans Paris, une exploration de longue haleine, au gré de la fantaisie du moment, à travers rues, places et faubourgs, afin de voir, d'entendre et de rassembler les idées qui constituent tout un monde.

A quelle heure partirons-nous?

Ah! si nous étions dans le voisinage des grandes Alpes, au pied du roi des montagnes, et que nous voulussions gravir les sentiers escarpés, escalader les rochers, nous en aller haut, bien haut pour contempler les neiges éternelles s'éveillant aux premières clartés de l'aurore, alors nous nous mettrions en route de nuit, à trois heures du matin.

Mais à Paris, ce Paris endormi, somnolent aux heures matinales, tout est différent.

Sans donc nous hâter beaucoup, nous voici promptement en route, mais Paris, Paris, Paris, quelle heure trop indue encore pour essayer de parcourir les rues, heure inquiétante même quand l'on se voit errant sur le pavé presque désert, enveloppé de solitude, et d'une atmosphère de vapeur enfumée, marchant dans une boue glacée qui vous fait glisser le talon et tomber.

Tout parait morne alors, les magasins sont fermés, les habitations silencieuses, et l'on n'aperçoit dans la rue que les nettoyeurs de triste apparence.

A peine jour, ils sont là tous à travailler, balayeurs et balayeuses, armés de longs balais, autour des tas d'ordures et de chiffons, de débris et de détritus de tous genres, tant bien que mal emmaillottés pour se garantir du froid matinal.

Puis viennent les chiffonniers et les chiffonnières qui trient dans le monceau ce qui peut faire l'objet d'un commerce quelconque.

En observant avec intérêt ces femmes qui, pour un travail fatigant, peu rétribué sans doute, mais honnête, affrontent la rigueur des premières heures du jour en toute saison, l'on se dit involontairement :

— En voilà des vaillantes !

Arrivent les laitiers conduisant fiévreusement leur attelage et des camions de toute catégorie, énormes chars d'approvisionnements, échafaudages de paniers de toute denrée, paille, etc., qui risquent de vous choir sur la tête ; ils encombrent la chaussée et marchent lourdement, paraissant dormir encore.

En un mot, dans la grande ville, rien au premier

abord ne nous attire et nous accueille ; tout, au contraire, nous repousse et nous décourage ; les magasins sont fermés, les habitations silencieuses et l'on se demande si c'est bien là Paris, ce Paris tant vanté, brillant, élégant. cette ville lumière ?

Non, la belle capitale nous apparait plutôt comme une cité des morts.

Mais, à mesure que les heures s'écoulent, que la journée avance. Paris a l'air de sortir d'un mauvais rêve, la circulation s'anime et devient fiévreuse ; l'on entend de tous côtés la rumeur d'une populace affairée, le mouvement. l'animation, le tumulte, le tourbillon même augmente de moment en moment, et Paris vit, Paris grouille bruyamment.

Alors, les véhicules de tous genres, les omnibus chargés de monde. les voitures de maître semblent exécuter de véritables danses au galop, ne se laissant arrêter par rien. et les piétons de courir, de valser comme ils peuvent pour éviter la roue et le cheval que le cocher lance à bride abattue, sans s'inquiéter qui tombe ou qui se heurte : la rue lui appartient, parait-il, il a droit de vie ou de mort sur le passant !

Grande bousculade, danger de chaque instant pour celui dont le pied n'est pas agile et sûr, et nullement question de stationner en amateur, de s'abandonner à des distractions ou à des rêveries et de suspendre sa marche, il faut avancer.

Tout ce mouvement est plein de charme, et cet entrain, cette animation. cette vivacité, tout extérieur que cela soit, distrait notre pensée des préoccupations les plus taciturnes.

Ce qui revêt aussi le cachet d'un intérêt particulier, ce sont tous les « cris de la rue », cris perçants, si nombreux, si variés que l'oreille la plus exercée n'en discerne pas toujours les accents et la signfication, au bruit de la tempête éternelle qui monte, monte sans cesse au sein de l'immense population parisienne.

C'est l'appel du cocher lancé à fond de train et qui crie : « Gare ! » le ronflement du tramway pour avertir qu'on laisse libre le passage de ses rails, le cornet des pompiers qui courent à l'incendie et qui vont au galop, en criant :

« Au feu ! »

C'est le cor de chasse et le tambour de la troupe qui va passer ; elle défile alerte et vive, rompant la foule qui la contemple avec admiration, comme étant l'espoir de la patrie.

C'est encore le hennissement des chevaux, le grincement des roues, le craquement du pavé et le holà de ceux qui sont en danger ou qui risquent de l'être.

En dehors des grandes artères parisiennes, tout comme au centre du mouvement, tous les cris imaginables du petit commerce ambulant se font entendre : la cantilène du marchand d'habits, de parapluies, du marchand de poissons ou de légumes.

Une femme promène un tombereau :

— Le pissenlit, six sous la livre : Ah! ma bonne

dame, quand on met le prix à la marchandise, elle est toujours meilleur marché qu'est la vilaine!

Voici la marchande de fruits.

— Allons, la reinette, la belle reinette, quatre sous la livre! quat'sous, quat'sous, quat'sous, la jolie reinette !

Arrivent des charretées de fleurs :

— La violette, la belle violette qui embaume! Fleurissez-vous, mesdames, embaumez-vous ! La violette, la belle violette, cinq centimes.

Mille et un autres articles de Paris sollicitent la convoitise des passants, et le public est harcelé à chaque instant par les marchands ambulants qui ne négligent pas même le mouron pour les petits oiseaux.

A bon nombre de fenêtres, en effet, l'on entend le gazouillement du petit oiseau captif qui a sa place au foyer, joli détail.

L'on crie aussi le : Carnet à poche, carnet ardoise, joli, coquet, bien fait !

Puis vient le tour des innombrables journaux que l'on hurle partout à nous rompre la tête, et toujours aussi l'on entend quelque clameur lointaine, inattendue, et dans ce mouvement perpétuel, ce bruit assourdissant, l'on est promptement saturé, au milieu de cette ville, d'ailleurs si intéressante, ne fût-ce même qu'à un point de vue tout intérieur.

L'on ne peut faire deux pas, sans qu'il se présente de la manière la plus inattendue les perspectives aériennes les plus pittoresques, des contrastes de vive lumière et d'ombre épaisse qui mettent en relief et forment des groupes d'édifices imposants.

Ici, une statue équestre dresse à distance son profil guerrier, là, un ensemble de monuments, clochers, tourelles, flèches aiguës, minarets, coupoles, qui, tout en s'élevant dans les airs avec majesté, se fondent dans une teinte grisâtre, gris-perle, spéciale à l'atmosphère parisienne.

Éloignons-nous un peu maintenant, et descendons du quartier splendide de l'Étoile, en parcourant l'une des avenues magistralement belles dont la perspective va se perdre au loin dans la buée épaisse du grand Paris.

Traversons la place de la Concorde, la plus vaste du monde, à ce que l'on dit, et qui est, en tout cas, l'une des plus grandioses avec ses statues colossales, représentant les principales villes de France, assises à tous les angles.

Attardons-nous auprès des jets-d'eau artistiques, vomis par la bouche des belles naïades, et de l'obélisque qui, apporté d'Égypte à grand renfort de peine, nous amène à rêver aux âges de l'antiquité, essayons même de déchiffrer les signes cabalistiques dont les parois sont ornées, mais, ô déception, ce sont des « hiéroglyphes », cette écriture des prêtres de l'antiquité qui, dans ce temps reculé, voilaient leurs mystères au commun des mortels.

Il paraît donc que, sous le grand roi Ramsès II, c'était déjà comme aujourd'hui où le clergé se plaît

à parler une langue que le simple croyant ne comprend pas.

Pourquoi donc ne pas élucider complétement, ne
pas vulgariser les pensées profondes de la religion,
en les mettant à la portée de toutes les intelligences,
de même que le pain, la nourriture temporelle, est
mise à la portée de toutes les bourses?

Pénétrons dans le grand parc des Tuileries, et
reposons-nous un instant à l'ombre des arbres de
haute futaie et auprès des étangs où les écoliers en
vacances font naviguer leur flottille artificielle, et où
les cygnes, les canards vivent en liberté.

Dans cet endroit paisible, les mamans et les bébés
se promènent en sécurité et l'on peut admirer les
jolis enfants de Paris, quand ils sont bien soignés.

Et puis, l'art français, gracieux et vrai tout à la
fois, trouve ici sa place assignée et une grande
variété de groupes statuaires attirent constamment
le regard et l'étude.

S'égarer quelques instants au milieu de toutes
ces richesses est un charme et l'on en arrive facilement à la plus belle perspective que l'on puisse
rêver en pleine capitale.

Ici, regardons en arrière l'espace parcouru, que
le regard cherche par delà les rangées d'arbres
l'obélisque qui se dresse avec hauteur et majesté,
plus loin encore, l'Arc de triomphe, estompé dans
une brume grisâtre, qui, à distance, perd son cachet
de grandeur trop massive, et le coup d'œil, par un
beau temps, est enchanteur.

Les couleurs claires et vives des promeneurs nombreux ajoutent une note gaie au tableau qui, sans cela peut-être, serait d'un coloris trop sévère.

Quelques pas encore, et nous stationnons sur l'ancien emplacement du palais des Tuileries, dévasté par les orages révolutionnaires, et remplacé maintenant par un jardin charmant, coquet, par lequel nous arrivons de plein-pied sur la place du Carrousel, où nous pouvons admirer les chefs-d'œuvre d'architecture que déploient les palais à l'air monumental qui abritent les musées du Louvre, et nous nous arrêtons dans la contemplation de ces marbres antiques, de cette pierre ciselée avec tant de finesse, de ces colonnades majestueuses, de ces statues plus grandes que nature, représentant les hommes illustres de la vieille France.

En présence de ces murailles épaisses qui ont assisté à tant de souffrances cachées sous le manteau royal, nous nous oublions à évoquer une multitude de souvenirs historiques !

Ils nous enseignent que le simple travailleur aux mains calleuses, si son esprit est libre et son cœur bien placé, est infiniment plus heureux que celui qui naît sur les marches chancelantes de la gloire et du trône : il est donc bien prouvé que l'opulence ne crée pas le bonheur !

D'ici nous apercevons encore à distance une autre ruine à demi dévastée par la Commune, celle de la Cour des Comptes.

Allons examiner avec intérêt ces pans de murs

dévorés par le feu, ces débris calcinés, ces glaces brisées et ces fenêtres béantes à travers lesquelles on aperçoit le ciel bleu. Mais pas possible de pénétrer dans cet immense délabrement; l'herbe croît tout autour, les mousses, les buissons, vraie forêt; la place est pour le moment abandonnée aux petits oiseaux qui nichent bien à leur aise dans ces retraites fendillées et décrépites, et les corbeaux, les pigeons sauvages, les sansonnets qui s'ébattent là-haut, en volant de pierre en pierre, d'angle en angle, de corniche en corniche, sont heureux; personne ne les dérange, ils possèdent, sans le savoir, tous les bienfaits de la liberté, de l'égalité et de la fraternité!

II

En suivant les eaux frémissantes de la Seine,
quelques pas encore et nous arrivons sur l'emplacement de la grande exposition universelle de 1889,
dont toutes les splendeurs apparaissent à notre pensée, quoiqu'elles appartiennent déjà à l'histoire ancienne.

Mais il en reste encore tant de choses pour nous
la rappeler, et les principaux bâtiments, et les concerts et surtout la belle verdure et les pelouses ra-
fraîchies !

Au Champ-de-Mars encore, des attractions toujours
nouvelles, c'est la Russie qui arrive d'un côté, et les
tribus noires, noires du Soudan, qui arrivent de
l'autre, ainsi que des expositions partielles de tous
genres.

Ainsi nous la revoyons tout à nouveau, depuis les
échafaudages de construction qui se dressaient dans
les airs, et le plâtre, le gypse, qui, au commencement encore, nous remplissaient l'odorat et la vue.

Des hauteurs du Trocadéro, de ce point de vue absolument idéal par son étendue, sa perspective lointaine, éthérée, ce vaporeux qui va se perdre dans l'infini du ciel, l'on apercevait à ses pieds tout ce travail fiévreux du Champ-de-Mars, transformé en une ville artificielle avec ses dômes, ses coupoles, ses aménagements variés de la plus grande élégeance, le tout dominé par la haute tour, cette tour dentelée qui monte librement dans les airs et visible de partout.

Quelle tâche que d'organiser, d'exécuter, de mettre à point cette entreprise colossale : le centenaire de la grande révolution française du siècle dernier, fête nationale à laquelle la France s'était préparée solennellement et pour laquelle Paris se revêtait d'une splendeur nouvelle, fête de paix et de liberté tout à la fois, anniversaire de la proclamation des droits de l'homme et de cette révolution sanglante dont le souvenir se dressait, comme un spectre menaçant, épouvantable, à l'horizon, même un siècle plus tard.

Ici, c'était le projet d'une grande accalmie, d'un apaisement général, une convocation de tous les peuples à la conciliation et tous étaient invités, attendus pour ce grand tournoi d'industrie, de science, d'art, de littérature et de civilisation sous toutes les formes, ensorte que c'étaient là mille trésors amoncelés, chacun dans son rôle et dans son genre.

L'industrie, que fait-elle ? Elle met à profit les

grandes forces vitales dont la science a fait la découverte, elle les travaille, elle les utilise, elle les rend pratiques, ces grandes lois de la nature. irrésistibles, entraînantes, qui sont toutes renfermées dans l'air, dans l'eau, dans cette terre noire, crasseuse que nous connaissons. ou dans cet air salubre, léger, agréable que l'on respire, ainsi que dans la lumière brillante du soleil.

La science, c'est de discerner l'existence de ces forces, de ces capacités, de ces lois immuables que Dieu. le Créateur, a établies et qu'Il a enfouies dans les entrailles de la terre: Lui qui a créé toutes choses. c'est Lui aussi qui a établi les grandes lois de la matière.

Alors. la science, c'est quelque chose de grand, mais Dieu est plus grand encore que la science, et c'est à Son honneur et à Sa gloire que doivent aboutir toutes les découvertes qui sont l'apanage exclusif de l'humanité privilégiée de l'heure actuelle.

En découvrant ces lois, la science pénètre dans le sanctuaire que le Créateur Lui-même a préparé, elle entre dans Ses plans, elle Lui est agréable, car c'est là le travail dévolu à l'heureuse humanité que d'être appelée à sonder tous les mystères de la création.

Cependant il ne lui est pas donné, pour aussi longtemps qu'elle est sur cette terre. de pénétrer la pensée du Créateur dans toute son étendue, et il existe tout un domaine dans lequel l'homme doit croire sans voir des yeux de sa chair.

Et quoi ? c'est donc au moment même où il en arrive par ses découvertes aux dernières limites de la perfection scientifique et industrielle que. méconnaissant sa réelle petitesse et s'enivrant de sa prétendue grandeur, c'est à ce moment-là que l'homme descend aux derniers échelons de l'incrédulité et du matérialisme et que, dans l'affolement de son orgueil insensé, l'homme, cet être d'un jour, d'une heure, que le moindre souffle peut atteindre et abattre, c'est à ce moment-là donc qu'il se croit dieu lui-même, qu'il s'adore comme tel, et que, semblable à un verre de terre qui se redresse, il jette un défi à l'Auteur de toute chose et s'écrie :

— Dieu... voilà l'ennemi !

Il n'en fut certes pas ainsi de Newton, le grand savant anglais, le grand astronome qui, en contemplant avec quelle sûreté de main la boule ronde que nous habitons est lancée dans l'espace infini par « le grand ouvrier, le grand artiste », en était arrivé, dans son respect profond et son admiration, à ce que le nom de « Dieu » n'était jamais prononcé devant lui, même par une bouche impie, sans qu'il s'inclinât en se découvrant la tête avec un sentiment de respect et d'adoration : la vraie science l'avait conduit à Dieu ! la science lui avait démontré Dieu !

Le programme de l'exposition se réalisa au-delà de ce que l'on aurait pu imaginer, et le temps presque toujours beau semblait dire que le ciel et la terre tous ensemble s'étaient concertés pour mener à bien cette grande entreprise; tout s'accomplit à souhait et de quelque côté qu'on se tournât, c'était le spectacle le plus grandiose, sans compter ce travail hors ligne qui porte à plus de trois cents mètres de hauteur un immense faisceau de lumière.

Ses projections étincelantes, brillant dans les nuits sombres avec ses trois couleurs bleu, blanc, rouge (les trois couleurs nationales), et qui lançaient leurs rayons éclatants vers le ciel, rivalisant de clarté avec les étoiles et la lune qui regardaient avec étonnement cette rivale lui envoyant des rayons audacieux, c'était féerique!

Dans les soirs de grande fête surtout, alors que les jets lumineux étaient grands ouverts, que ces gerbes d'une eau jaillissante et multicolore retombaient en faisceaux étincelants, feux de Bengale, clartés de tous genres, toutes les fantasmagories de la couleur la plus vive et des nuances les plus délicates, sur les eaux écumantes, le spectacle produisait l'illusion du plein jour dans un monde enchanté et l'on aurait cru voir une magicienne agitant sa baguette! Dire que cette magicienne n'était autre que l'électricité, le gaz, la vapeur exploités dans leurs phénomènes multiples, rien de plus, rien de moins!

Aussi de tous les points de l'horizon les peuples accouraient, empressés, bienveillants à cette grande convocation, et les nations se sont associées dans une même pensée de travail et de progrès dans la paix.

Elles sont arrivées, les foules, en masses compactes, en cohortes serrées, les yeux émerveillés, avides de curiosité, au milieu desquelles cependant régnait un ordre parfait, l'entrain, la gaieté partout. Et il était particulièrement intéressant d'observer circulant tout autour, les types les plus variés, les échantillons les plus étranges de la race d'Adam, qui implantaient ici leurs habitudes et leurs toilettes excentriques : curieux d'entendre parler toutes les langues de l'univers, et la grande tour aurait bien été la tour de Babel, si cet assemblage bizarre n'avait pas eu un point de ralliement, le français, et si la concorde la plus parfaite n'avait pas régné au milieu de ce grand concours de peuples, grâce à une organisation des plus soignées qui dominait tous ces éléments hétérogènes, si disparates les uns des autres.

Ces peuples lointains, et jusqu'ici presque ignorés, exhibaient des habitudes et des toilettes parfois bien étranges, vendant des sucreries de leur fabrication, criant leur marchandise à tue-tête et de la manière la plus originale possible et la plus pittoresque.

— Bonbon, Mesdames, bonbon, bonbon, plus malades, plus mourir !

Ayant l'air persuadé qu'ils ont découvert un remède à tous les maux de l'humanité, passée, présente et à venir, même à la mort.

À un moment donné tous ces sauvages faisaient un tapage tel que l'on se croyait au milieu des bêtes féroces.

Leur caractère s'exprimait surtout par des danses, annoncées à grand renfort de voix :

— Y commence la danse, la danse, la danse du ventre !

Danses, inutile de le dire, qui portaient toutes le cachet de l'originalité sans doute, et de l'indécence par-dessus tout : vraie peinture de barbarie.

Mais, si l'Exposition universelle attirait une foule de barbares, elle rassemblait aussi, des quatre vents des cieux, des hommes distingués, savants et hommes de lettres, qui avaient ensemble de ces longs conciliabules que l'on nomme : congrès.

L'on aurait voulu les entendre tous, mais pas possible de parcourir ces grandes salles où les conférenciers font valoir leurs idées par des péroraisons retentissantes et parfois intéressantes.

Au milieu de ces repas intellectuels, l'un d'eux surtout était particulièrement attrayant ; il s'est promptement emparé de notre conviction, de notre enthousiasme, de notre cœur, car l'assemblée était tenue en haleine par quelques messieurs sans doute, mais suspendue aux lèvres de quelques dames, même assez jeunes souvent, qui parlaient bien en femmes, dignement, de la femme, pour défendre ses droits.

Ici le féminisme avait sa part largement faite, il fut dignement représenté.

Que de choses bien touchantes, encore !

Dans un local à part où étaient rassemblées les œuvres de charité : assistance publique, soins des enfants, des malades, des vieillards, infirmeries, fourneaux populaires, auprès desquels des dames,

de vraies dames, tâchaient, par quelques mots bien
placés, d'intéresser le visiteur à ces œuvres obscures, mais utiles, trop souvent ignorées du grand
public.

Toute cette philantropie, cette charité humble-
ment mise en scène, nous émouvait, nous en avions
la larme à l'œil, nous en aurions pleuré d'attendris-
sement et d'admiration bien sentie !

III

Cependant, tous les souvenirs du passé que sont-ils en comparaison de l'intérêt que doit inspirer, que nous inspire « le peuple » !

— Le peuple ?... mais quelle ligne de démarcation pouvez-vous établir entre lui et le reste de la société, puisque dès la fin du siècle dernier toutes les inégalités sociales ont été abolies, toutes les barrières sont tombées et les privilèges, les aristocraties quel que soit leur nom, ont été annulés !

Dès lors, la nation toute entière ne forme qu'un seul « peuple souverain » !

— Sans doute et nous ne disons pas le contraire, seulement tout cela en théorie, car, en pratique, combien ne reste-t-il pas à faire ?

— Que faut-il donc entendre par « peuple », ce peuple auquel il faut s'intéresser d'une manière particulière, puisque c'est tout le monde à la fois et que la roue sociale tourne si rapidement que l'ouvrier respectable, intelligent, honnête d'aujourd'hui est le patron respecté de demain!... Peut-être demain roulera-t-il carosse et aspirera-t-il aux plus hautes charges de la nation, tandis que le citoyen haut placé et fort en vue aujourd'hui, demain rentrera dans le silence et dans l'obscurité.

— Ce n'est pas ça!

Le peuple spécial auquel il faut s'intéresser d'une manière particulière, c'est celui qui fabrique des chaussures et n'a lui-même pas de souliers à mettre, celui qui arrache le charbon des entrailles de la terre, et n'a pas lui-même de quoi cuire un potage et de quoi se chauffer pendant les froids d'hiver, celui qui construit des chemins de fer et ne peut lui-même voyager qu'en allant à pied le long des grands chemins du monde, celui qui bâtit des maisons et ne sait lui-même où s'abriter : quand il est malade et âgé, il se trouve comme le juif errant, il ne sait où reposer sa tête, et personne n'est là pour le soigner!

Voilà les classes laborieuses, moins bien partagées que les autres : et ce peuple-là, sans doute, participe au caractère général et aux défauts du milieu dans lequel il vit.

L'on dira donc qu'il est léger, frivole, insouciant, gai de nature, que le spleen, cette maladie qui ronge les peuples du Nord, il ne la connait pas, et que, par conséquent, tout va bien pour lui.

Ne vous y fiez pas, et croyez que si le Français pur sang est peu en état d'approfondir les questions morales, religieuses et sociales, c'est ce peuple-là, travailleur, qui se charge de le faire à sa place, tant il est vrai que le travail manuel excite la pensée et la réflexion, au lieu de l'atténuer.

Alors, ce peuple-là, quoique peu cultivé, ignorant même, il lit, il lit beaucoup dans ses courts moments de loisir et ça le développe, mais pas toujours dans le sens où il faudrait, et son travail intérieur, silencieux, intense même, l'amène à se poser des questions, des problèmes qui restent sans réponses !

Cependant, il continue à faire marcher la machine sociale, laquelle sans lui, probablement, s'arrêterait net ; on lui devrait donc une certaine reconnaissance, ou du moins quelque estime, au peuple travailleur, eh bien non ! et comment le paie-t-on ?

Par du mépris, le plus souvent et d'aucuns s'imaginent qu'il est lui-même, ce peuple, « une machine » ; d'autres affirmeraient volontiers que le peuple travailleur, c'est le fumier dans lequel leurs pieds aiment à patauger !

Mais rien de tout cela ! Le peuple travailleur est donc un être pensant, bien pensant, d'autant plus pensant que son travail manuel laisse le champ libre à la réflexion et même aux excitations de l'imagination ; celui-ci en arrive même facilement et de plein pied à l'état d'idée fixe.

Alors, l'exubérance des sentiments, des envies même toutes naturelles, ses jalousies, ses indignations longtemps comprimées, éclatent parfois d'une manière plus dure et plus cruelle que l'on n'aurait pu le supposer, eu égard à l'état de calme et de soumission relative de ce peuple, qui est doué d'une longue attente et, semblerait-il, d'une patience à toute épreuve, susceptible de dévouements, de grandes abnégations, d'une sympathie réelle, active et vibrante en faveur des calamités publiques ou particulières, sujet à des emballements, c'est vrai, emballements généreux le plus souvent et dont l'un succède rapidement à l'autre.

Mais, voyez-le dans ses jours de gaîté folle quand il en a ; il conserve en général la placidité qui le caractérise, et observez-le lorsque, ayant trouvé le mot spirituel et fin, résumant une situation, il s'en va en riant dans sa barbe, tout seul.

Que ne ferait-on pas d'un peuple aussi bien doué si l'on savait le prendre, si l'on voulait s'en donner la peine ; le prendre en s'emparant de sa confiance, le prendre par ses bons côtés, afin de le conduire plus avant dans la voie du perfectionnement moral et religieux, le plaçant sous l'empire d'une saine orientation, lui inculquant des pensées en rapport avec la vérité qu'il serait bien susceptible de comprendre, car tel peuple courbe le front sous le joug de la force, tel autre est dirigé par les instincts brutaux. Le peuple de Paris, si méconnu par les personnes qui ne le connaissent pas et ne l'ont pas observé de près, le peuple de Paris se mène « par une idée ».

Malheureusement l'idée que l'on cherche à faire prévaloir auprès de lui est souvent mal imaginée, et lancée par les révolutionnaires de profession, qui cherchent par tous les moyens possibles à exciter le peuple et qui ne réussissent pas toujours, tant il est paisible de sa nature même.

Leurs vœux ambitieux échouent contre le bon sens, qui montre bien au peuple que « eux » ont tout à gagner dans le désordre qu'ils veulent susciter, tandis que lui, le peuple. a tout à perdre.

Malgré cela, on se plait à le calomnier, à le qualifier de « poudre à canon », tandis qu'il est essentiellement pacifique, ami de l'ordre et du progrès lent, mais sûr, de l'état de choses actuel ! C'est dans les circonstances importantes surtout que l'on peut juger de ce qu'il vaut dans sa totalité, ce peuple insouciant en apparence, mais capable au fond d'un grand sérieux.

Entre autres il est touchant d'observer la foule des hommes. des femmes. des enfants, des familles entières qui suivent les enterrements et accompagnent le défunt jusqu'à sa dernière demeure.

Alors, le passant s'arrête, se découvre la tête avec respect, et tout le convoi chemine lentement, solennellement sur les larges chaussées aboutissant aux vastes nécropoles qui sont aux abords de la grande cité.

Tous les parents, les amis vont à pied, loin. bien loin, sans hésitation, malgré la fatigue de cette marche prolongée. jusqu'à l'endroit ou l'entassement des croix et des couronnes blanches s'efforce en vain de produire une gaité factice, et cherche à faire illusion malgré tout, car là-dessous ne sent-on pas la pourriture d'innombrables cadavres humains qui, étant poudre, sont retournés à la poudre lentement, par degrés, mais sûrement ?

La sonnette qui annonce l'arrivée d'un convoi funèbre retentit à chaque seconde au cimetière, et ce tintement sinistre d'un mort qui arrive produit un effet saisissant de mélancolie et de tristesse douloureuse, car l'on sent déjà suffisamment que la mort est plus près de nous que la vie, qu'il faut se familiariser avec elle, l'envisager de près, se préparer à sa rencontre, très prochaine peut-être, afin qu'elle soit un peu moins le roi des épouvantements, à cause, sans doute, de tous les mystères dont elle est entourée ; instant de la grande séparation de la portion immatérielle de nous-mêmes d'avec sa forme visible, le corps.

Moment solennel, s'il en fût, tant il est escorté d'incertitudes, de questions non résolues, car l'âme s'en va-t-elle avec le corps composer tout ensemble une motte de terre au bord du chemin ? s'en va-t-elle au néant ? ce qui revient à dire : est-elle de la terre, et retourne-t-elle à la terre ?

Mais contre cette opinion, quelque chose en nous proteste, quelque chose nous dit, quelque chose nous crie, une voix intérieure au plus profond de notre être, que le moi éternel ne peut périr et qu'il survivra.

De cette vérité, où en trouver les preuves ? En nous-mêmes et dans les aspirations immatérielles que chacun peut sentir palpiter en son for intérieur.

C'est surtout à la mort de ses grands hommes, des

grands hommes de France, que le peuple se montre pénétré d'une respectueuse sympathie.

Il nous en souvient de ces longues processions, accompagnant le mort vénéré.

A celle de Gambetta. par exemple, l'émotion populaire se manifesta d'une manière touchante.

Il est vrai que la disparition de celui qui s'était mis à la brèche au temps des grands dangers nationaux, qui, par son dévouement et l'héroïsme de son patriotisme avait contribué à sauver la patrie, survenait inopinément après une longue série de calamités : grandes pertes d'argent, saisons malheureuses. récoltes manquées. grandes inondations, tout faisait peser sur la France le poids de l'adversité.

Arrive le 1er janvier 1883, et ce premier jour d'une nouvelle année se lève par un temps splendide qui redonne à chacun quelque espoir.

Ce beau soleil vient réjouir les malheureux et chacun veut en profiter.

De bonne heure déjà tout Paris arpente la cité pour jouir de cette belle matinée du nouvel-an, et les enfants. en jolie toilette de fête, circulent avec leur bonne. les bras chargés de charmants cadeaux attachés avec des rubans roses et bleus, qu'ils s'en vont présenter avec leurs vœux, à bonne maman, bon papa, oncle et tante, tous ces parents âgés, tout ce vieux monde. pour qui l'arrivée des petits est un rayon de joie.

Les vieux, les jeunes, tout s'égaie et s'épanouit au soleil.

Les uns vont en hâte à l'église, d'autres à la campagne, et le pauvre regarde tristement ce va-et-vient de gens qui sont à leur aise et se détourne pour gémir et pour tendre la main.

Mais quoi ? qu'arrive-t-il donc ? Subitement le monde devient triste ! et les uns se précipitent pour annoncer la nouvelle douloureuse à leurs amis.

La foule assaille les kiosques, et plusieurs journaux en sont déjà à la deuxième édition de la journée : ils sont entourés de grandes bandes noires en signe de deuil et chacun pleure en les lisant.

Un coup de foudre vient de tomber sur Paris, sur la France, sur le monde entier, semble-t-il !

« Gambetta vient d'expirer ! »

Quelques minutes seulement avant la première heure de la nouvelle année, le grand homme de France, la personnification de la défense nationale, celui qui s'était résolument mis à la brèche au jour des grands dangers et des grandes infortunes ; celui dont l'influence a contribué à fonder la République, en grande partie du moins, celui-là vient de disparaître :

« Gambetta est mort ! »

Cette force vive vient de s'éteindre, cette grande parole qui tonnait à la tribune, on ne l'entendra plus !

Cette lèvre puissante, cette bouche dont l'éloquence remuait les peuples, elle est fermée à jamais, et la France tout entière en porte un deuil profond.

L'unanimité dans les regrets et dans la sympathie qui éclata en faveur de Gambetta est un spectacle magnifique.

Il semble que les ennemis même oubliassent pour un moment tous leurs ressentiments, et confondissent leurs larmes au souvenir du grand patriote, si dévoué à son pays.

L'on avait cherché jusqu'au dernier moment à donner au grand homme l'espoir de la guérison, et comme il lisait tous les journaux rendant compte de sa santé, ses amis cachaient la vérité.

L'effarement du public n'en fut que plus grand lorsque l'on apprit sa fin, car nul ne s'attendait à une issue aussi tragique, aussi prématurée.

Dans sa propriété de Ville-d'Avray, le cadavre fut exposé pendant quelques jours et ce fut une procession non interrompue de visiteurs, arrivés de tous les points de l'horizon, pour saluer une dernière fois le grand lion, là, couché mort.

Tous les rangs de la société y passèrent, et le peuple tout entier s'associa à l'émotion générale.

Gambetta fut transporté à la chambre des députés. Impossible de décrire les ornements symboliques, les fleurs fraîches et parfumées, les couronnes à profusion, les inscriptions sans nombre et surtout l'émotion poignante des parents, des amis, qui défilent devant le cercueil illuminé de cierges et s'inclinent à travers ces portes, ces salles tendues de noir et d'argent.

Puis vinrent les funérailles splendides, princières

et le long cortège à travers les grandes artères de la capitale.

Rien de plus imposant, de plus grandiose que les manifestations populaires en pareille occasion : alors, dans la grande ville, toute circulation s'arrête, la rue se tait, la capitale fait silence ; et le silence à Paris est une chose tellement rare qu'il revêt un caractère d'imposante solennité, au milieu d'une pareille affluence de monde.

Ainsi plus beau que tous les ornements, plus beau que les autorités et les députations nombreuses, plus beau que toutes les fleurs, que toutes les couronnes, tous les nœuds, tous les rubans flottant dans les airs et l'encens brûlé sur le parcours du cortège, plus beau que tout cet appareil, c'était l'attitude pénétrée d'une sympathie émue du « peuple de Paris ».

Et tout dernièrement encore, on a vu avec quelle douleur sincère, non dissimulée, non feinte, tout le peuple a accompagné à sa dernière demeure l'illustre président Carnot, à ce jour où le poignard d'un vil assassin n'a réussi qu'à créer l'apothéose de celui qui fut sa victime.

Tout l'ensemble des manifestations qui ont eu lieu à cette date importante, inoubliable et qui comptera dans les annales de l'histoire, ont constitué le sacre de la République qui est le gouvernement du « peuple par le peuple. »

À cette heure la République a été sacrée « reine ! »

<hr>

IV

S'il est nécessaire, s'il est urgent de s'intéresser à tout ce qui concerne le peuple en général, il est plus nécessaire, plus urgent encore de sonder les plaies vives de la « femme du peuple » et de chercher à les guérir !

Car si la lutte pour l'existence est dure pour l'homme et difficile, cette lutte est pire encore pour elle, la femme du peuple, au sein des classes laborieuses.

Ici donc, c'est elle, la femme, qui est surtout à plaindre, comme portant le plus lourd fardeau de misère et de travail.

De plus, elle n'occupe pas toujours au foyer la place qui lui revient, elle doit la conquérir, cette place, et cela au prix d'une lutte souvent infructueuse et qui n'est pas toujours facile : ou bien elle se trouve exposée à toutes les chances d'une vie de hasard et de servitude, pour elle et pour ses enfants.

Quand elle a bien peiné, la pauvre femme du peuple, alors tout le gain de son travail revient à son seigneur et maître, et s'il est un mauvais homme, celui-ci, il a le droit, la loi lui confère le droit de prendre tout l'argent qu'elle gagne afin de le dépenser à son gré; et sans autre forme de procès, il peut faire main-basse sur tous les instruments de travail, les faire disparaître pour les vendre à son profit : vêtements, meubles, fourneau, machine à coudre, etc., il peut s'emparer de toutes ces choses, s'il lui plaît !

— Mais c'est indigne, cela, et de quel droit, je vous prie, de pareilles choses peuvent-elles se passer ?

— Ah! vous êtes bien simple; comment? c'est « le droit du plus fort » qui domine, qui règne, et cela de par la loi: ainsi donc, inclinez-vous avec respect !

— Non, nous n'admettons pas l'injustice, et quiconque a tant soit peu de cœur et de justice dans l'âme ne s'inclinera pas, il se révoltera !

Ainsi, par un effet de ce qui s'appelle la « solidarité », la femme fera l'objet principal de notre attention, de notre sollicitude: son fardeau deviendra notre fardeau, et la femme, la jeune fille, l'enfant, voilà la trinité sociale qui nous occupera désormais !

De sorte que, allant parmi la foule, nous apercevons la jeune ouvrière, fraîche et gentille, dès le matin, et nous l'observons d'une manière particulière.

Elle marche avec rapidité, cependant un peu trop au vent de toutes les aventures; mais elle est gaie, la jeune ouvrière, elle rit au soleil comme la fleur à peine éclose, c'est naturel.

Portant à la main un léger paquet noir, elle se rend à l'ouvrage ; nous nous informons de sa demeure, de son histoire et du gain modeste qu'elle fait chaque jour.

Peu de chose assurément, à peine un franc par jour, comment est-il possible de se tirer d'affaire ? et si, par hasard, elle se trouve petite ouvrière de dentelle, elle ne gagne, à ce que l'on dit, que trente centimes par journée de douze heures !

C'est presque invraisemblable, mais voilà le gage insuffisant de la femme, de la jeune fille travailleuse, gage non seulement dérisoire, mais « coupable ».

Aussi, que va-t-il arriver ?

Là-haut, tout au sixième étage, sous le toit, dans une pauvre mansarde, c'est là qu'elle demeure.

Elle est seule, la jeune ouvrière, car ses parents sont en province où ils cultivent la campagne, et la jeune fille ayant reçu tant soit peu d'instruction, il n'était vraiment pas question qu'elle restât au village, ce serait déroger, il faut venir à la ville, se faire une position et gagner de l'argent, quoi?

A côté de la mansarde où loge la jeune ouvrière, il en est d'autres, de mansardes, occupées par qui ?

Un jeune commis, par exemple, un garçon de salle dans le café voisin, tout un monde enfin fort inexpérimenté.

Les chambres donnent sur le même palier, montent par le même escalier, et l'on vit ainsi porte à porte, d'une pièce à l'autre, l'on entend tout ce qui se passe, et les parois mal jointes ont parfois des révélations bien inattendues à vous faire.

En sortant du réduit, en y entrant, les voisins se rencontrent constamment, surtout aux heures réglementaires du travail.

Au commencement, sans doute, l'on ne se parle pas : peu à peu cependant, à force de se rencontrer, l'on se regarde, l'on se dit bonjour et l'on se trouve agréable, même l'on se trouve charmant.

Arrive le moment où Monsieur a besoin de quelque léger service, rendu par une main féminine : c'est un bouton de son habit qui vient de sauter ou quelqu'autre chose semblable, il en a besoin à la minute et le temps presse, il ne se gène pas, et fortuitement, semble-t-il, Monsieur heurte à la porte de son aimable voisine.

Elle est complaisante, la petite ouvrière, elle se hâte de faire aller ses doigts agiles !

Plus tard quelque nouvelle circonstance, inattendue en apparence, opère un rapprochement plus réel, de plus en plus intime.

Enfin, l'hiver arrive, le froid se fait sentir.... l'on gagne si peu de chose que d'acheter des approvisionnements de chauffage, d'éclairage et de tant d'autres objets nécessaires à l'existence, est impossible.

Que faire ?

En partageant la même chambre, les affaires iraient bien mieux sans doute, tout serait plus facile... cela coule de source !

Et voilà la pauvrette se donnant elle-même, sans beaucoup réfléchir, sans arrière-pensée peut-être, mais s'abandonnant de manière à ne plus pouvoir se reprendre.

Peu à peu, par manque de régularité au travail, le travail, par suite de sa négligence, vient aussi à lui faire défaut et de nouveau la misère au logis ne tarde pas à se faire sentir. puis un beau matin, le Monsieur ennuyé quitte sa place.

C'est tout naturel, le Monsieur ne cherche que ses aises, et la situation commençait à lui peser, car le devoir, pour lui, n'existe pas.

Et la jeune ouvrière se trouve abandonnée, seule encore, seule toujours, ayant en plus la perspective douloureuse de l'arrivée d'un bébé.

Perspective heureuse, bénie, lorsque l'on est dans un état normal, quand la loi, la sanction religieuse sont intervenues pour assurer d'avance le bonheur de l'enfant dans ce monde, en préservant les pères et mères des défaillances de leurs propres résolutions.

Le bébé va venir, et l'on n'a rien, que faire maintenant?

Aller chez les parents serait, semble-t-il, le plus simple et le plus raisonnable, mais les parents ne savent pas ce qui se passe, on ne les a point avertis, l'on a fait à sa tête ; ils seraient stupéfaits, non, ils seraient indignés, ils seraient furieux, jamais ils n'auraient pu imaginer que leur fille ait tourné de la sorte ; ils la jetteraient à la porte, plutôt que de lui aider.

Que faire donc ?

Se laisser mourir sur place ? non, se traîner comme l'on pourra jusqu'à la porte de l'hôpital le plus rapproché, et demander en grâce à être admise d'urgence.

— Mais, votre nom, votre âge, votre domicile ?

L'infortunée ne peut répondre, ne peut parler,... on l'introduit quand même, par pitié, et, quelques heures plus tard, l'enfant opère dans ce monde sa triste arrivée.

En pareille occasion, il arrive souvent, en effet, que, ne sachant à quoi se décider, la jeune mère n'arrive à l'hôpital qu'au dernier moment: elle a lutté et maintenant elle est à bout de forces.

Dans une circonstance pareille, l'on ne vous garde qu'un temps très limité dans l'hôpital, après cela, tirez-vous d'affaire comme vous voudrez.

Le moment arrive donc où la porte va se fermer sur la jeune ouvrière.

— Et le bébé, que faire de lui, comment le nourrir, l'élever, comment le couvrir ?

Voilà maintenant la grande question qui se pose, ah ! Ainsi la jeune ouvrière pleure dans sa détresse et son incertitude ; elle pourrait peut-être mendier pour elle et son enfant, et elle rencontrerait peutêtre des personnes compatissantes, mais la mendicité est défendue quel qu'en soit le prétexte.

Ou bien, porter le bébé à l'hospice des « enfants trouvés », oui, mais là il faut réellement abandonner l'enfant, renoncer à être sa mère, ne plus jamais le voir, le réclamer. l'embrasser tendrement... ce serait trop douloureux, car elle le chérit, ce bébé, en raison même de toutes les souffrances dont il a été la cause.

Eh bien, le déposer sous la porte cochère de quelque bonne famille, dans un paquet bien enveloppé, de grand matin ou le soir un peu tard, afin que personne ne l'aperçoive.

Le concierge en allant et venant découvre le paquet, il l'ouvre.

— C'est un enfant nouveau-né, quelle surprise ! ah ! la friponne de mère, si je la tenais... il faudra la trouver.

En attendant. l'on va porter cet enfant chez Monsieur ; il n'a pas d'enfant, lui, c'est les pauvres qui ont des enfants, mais non pas les riches.

Peut-être que Monsieur adoptera ce bébé, il le prendra pour sien, il le fera élever, et il sera encore tout glorieux.

Et ce rêve passe sous les yeux de la pauvre ouvrière, elle sanglote sous ses couvertures, car de quelque manière que ce soit, ce bébé qui dort là près d'elle si tranquillement, ce bébé qui est « sa chair et ses os ». il faudra se séparer de lui.

Elle passe en revue toutes les possibilités qui se présentent à son esprit, à sa résolution... il y a l'assistance publique, elle pourrait là réclamer quelque argent, mais ce quelque chose ne suffit que pour quelques jours. et après?

Quand un père a abandonné son enfant et que

toute la responsabilité matérielle d'une frêle existence incombe à une mère très jeune, ce quelque chose ne peut sauver la vie de l'enfant, et pas non plus celle de la mère.

Ce qu'il y aurait à faire pour soustraire cette pauvre petite créature à l'infortune de sa naissance serait de lui enlever cette existence terrestre qu'elle-même vient de lui donner : mais ce serait trop affreux, trop cruel, et mal lui en prendrait d'ailleurs, car la justice aurait sûrement connaissance des faits, on la découvrirait, bien certainement, on l'enfermerait ! en quoi aurait-elle donc avancé, et qui aurait pitié d'elle?

Alors que faire ? car, voilà, demain la porte de cette retraite momentanée va s'ouvrir pour me laisser passer, dit-elle.

La jeune fille est profondément découragée, et sous les rideaux blancs, bien proprets et à demi fermés d'un petit lit d'hôpital, la malade a le loisir et la tranquillité de penser à bien des choses : le passé, le présent, l'avenir, viennent tour à tour se dresser comme des géants et s'emparer de sa méditation.

— Il me faudrait prendre un métier, pensait la jeune mère, mais, au bout du compte, à quoi sais-je bien travailler?

A l'école du village, l'on m'a enseigné bien des choses sans doute, mais rien d'assez pratique pour que cela puisse m'être de grand secours maintenant, et m'aider à gagner ma vie et celle de l'enfant d'une manière honnête.

Un métier, ah oui, j'en connais un qui ne me donnerait pas beaucoup de peine et me ferait gagner beaucoup d'argent, mais c'est un bien vilain métier et mes parents me maudiraient, s'ils venaient à apprendre...

Voilà où l'on en vient quand on est sans argent, faire comme tant d'autres... tomber dans la boue, dans le ruisseau, car toutes les portes me semblent être fermées et je ne vois aucune autre alternative que de « perdre mon enfant », ou bien de « me perdre moi-même ».

Que choisir ?

Comment les choses sont-elles donc arrangées dans ce monde, que les forts soient soutenus, et que les faibles, les incapables, soient forcés de descendre plus bas, plus bas encore dans la misère et dans le vice ?

En serai-je responsable devant Dieu ou devant le monde, puisque je ne possède rien ? Ne sera-ce pas plutôt l'homme, le père de cet enfant qui est et qui sera le « vrai coupable » ?

Elle ne se rend pas compte, la jeune fille, que le commencement du mal pour elle ont été les vanités, les orgueils qui l'ont entraînée à quitter sa famille, à se lancer seule et sans protection, confiante en elle-même, au-devant des mille dangers de la grande ville, où son frêle navire était, pour ainsi dire, fatalement destiné à sombrer.

Et maintenant où la chercher, notre jeune ouvrière, car elle se traîne dans les bas-fonds du vice.

D'ailleurs, nous la rencontrerions de nouveau, qu'elle serait méconnaissable; toute sa jeunesse serait fanée par le souffle infect... presqu'en haillons, une existence non seulement malheureuse, mais criminelle au premier chef, car le métier auquel elle se livre tue l'âme plus sûrement encore que le corps, et nous la verrions là-bas, l'œil terne et froid.

O souffrance ! ce qui est arrivé pour la jeune ouvrière, arrive et cela journellement, pour une multitude de jeunes filles placées dans une situation identique et c'est toujours la même histoire de l'abandon.

Une main serait tendue, la main de l'autorité, la main de « la loi », cette main les sauverait, ces pauvres désespérées !

Cette main, où est-elle, on la cherche en vain par la pensée, elle n'existe pas !

V

Afin de nous soustraire aux douloureuses pensées qui nous assaillent, allons errer sur les bords de la Seine, ce fleuve plus grand, plus important encore par son histoire que par ses dimensions, et qui constitue à lui seul une personnalité intéressante.

Car elles sont bien vivantes, ces eaux, avec leurs temps de repos ou de prodigieuse activité, sillonnées à chaque instant et dans tous les sens par les bateaux légers et rapides, bien nommés hirondelles, qui rendent la navigation facile et agréable.

Ici, l'on trouve un silence relatif, coupé seulement par le tic-tac de la roue et le clapotement de la vague; le coup d'œil que la Seine présente avec ses ponts, ses arches, ses points de vue constamment variés et gracieux, tout son commerce fluvial est incomparablement beau et offre un spectacle des plus animés.

Le soir surtout, alors que les lumières vacillantes des ponts et des quais, les illuminations rouges, bleues, vertes des embarcations projettent sur les eaux mobiles et dansantes de longs reflets brillants, la Seine offre un aspect enchanteur.

Au contraire, si le soleil se cache, si les ouragans se déchaînent, si les averses, la pluie tombent d'une manière continue, au moment surtout de la fonte des neiges dans les montagnes, alors les eaux montent, montent sans cesse et suspendent tout mouvement sur le fleuve.

Dans ce cas, les grandes statues de guerriers, qui soutiennent le pont de l'Alma, plongent dans l'eau jusqu'à mi-jambe et celle de la République, assise au pied du pont de la Concorde, risque de disparaître en partie dans les flots.

L'eau perd sa jolie teinte verdâtre, devient gris-jaune, et à voir ces grandes nappes d'eau boueuse, se mouvant paresseusement, mais avec une force majestueuse et irrésistible, emportant tout sur leur passage et répandant la consternation, l'on est saisi d'effroi.

Elles pénètrent dans les terrains bas, et l'on aperçoit de loin, s'élevant fiévreusement dans un ciel terne, la fumée blanche des pompes aspirantes occupées à débarrasser les eaux.

Sur divers points déjà les bouches d'égoût ont sauté par la pression des eaux qui se sont répandues dans la rue ; elles entrent dans les salles basses d'où il faut déménager en hâte, et l'on se demande avec anxiété si ces flots, dont la force humaine ne peut arrêter le cours, ne vont pas pénétrer au cœur même de la ville.

Les rats, chassés de leurs demeures souterraines, dérangés dans leurs sous-sols, s'échappent par bandes effarées et ajoutent une nouvelle .terreur à la terreur de l'eau.

La foule stationne inquiéte aux postes d'observation, sur les ponts, sur les quais et contemple avec anxiété la scène imposante d'un fleuve qui déverse ses eaux tout à l'entour, et qui charrie des débris de toute nature, planches, poutres, énormes mottes de terre, arbres déracinés sur le branchage desquels les petits oiseaux perchés s'accordent une agréable promenade en bateau.

Peu à peu cependant, tout danger est écarté, les eaux s'écoulent lentement, la sécurité renaît avec la circulation sur les quais, et le grand fleuve reprend sa physinomie habituelle de majesté dans le calme.

Mais, dans leurs profondeurs secrètes et mystérieuses, les eaux abondantes recèlent un nombre incalculable de misérables créatures, de désespérés de la vie, qui ont cherché dans ce limon, impénétrable à l'œil, leur dernière consolation et la dernière étape de leur triste existence.

Aussi que d'histoires poignantes ils pourraient nous raconter ces flots, s'ils savaient parler, au lieu de rester éternellement muets et silencieux au milieu de Paris agité et bruyant.

De combien de drames, tous plus douloureux les uns que les autres, n'ont-ils pas été les témoins : drames de l'amour déçu, drames du cœur sous toutes ses formes, drames de la jalousie, de la conscience peut-être, drames de la noire misère surtout et de la foule des infortunés.

Voici venir une femme, jeune encore, et qui paraîtrait avoir tout un avenir au-devant d'elle; cependant elle est flétrie déjà, courbée avant l'âge par la souffrance. Elle porte une robe bien pauvrette, frippée, des souliers éculés, quelque chose de noir sur la tête, car la nuit, il fait froid.

Cet accoutrement grossier compose toute sa toilette, mais l'expression de son visage surtout fait mal à voir car il est empreint d'effarement et de désespérance.

Elle paraît être à bout de forces, à bout de toutes les ressources, et, dans Paris, il faut en posséder des ressources sans cela toutes les souffrances sont à la porte, et même tous les crimes.

Cette femme porte un paquet soigneusement ficelé.

Il est lourd, ce paquet, car elle a mis de grosses pierres à côté de son petit enfant qui dort.

Cet enfant, il est malheureux !.. C'est encore et toujours la même histoire, quoique sous des formes différentes... c'est-à-dire que le père, méprisant ses devoirs de père, et tout l'y autorise, a agi comme il lui convenait, comme il lui passait par la tête; il est allé à d'autres aventures, il n'est soumis à aucun « joug », à aucune obligation, lui, « il est libre »!...

C'est à la femme de porter, et de porter seule, toutes les charges pénibles de la maternité, à elle, faible, malade, languissante !

Aussi, la femme abandonnée nourrit son âme de sentiments douloureux. Elle se demande si c'est donc bien à elle de pourvoir à tout... si c'est là « son devoir » comme le prétend une société corrompue. Mais, réellement, comment peut-elle, affligée, souffrante, porter la responsabilité de cette frêle existence qui réclame un soin de chaque instant?

Comment, tout à la fois, garder l'enfant, le nourrir, l'élever et se mettre à gagner pour lui, elle, avec son corps miné par la souffrance et son cœur déchiré! Car elle l'aimait, lui, le père de cet enfant: c'est bien par amour qu'elle a faibli et non par intérêt pécuniaire.

Tant d'autres ont succombé à ce mal inhérent à l'humanité : l'amour, pourquoi pas elle aussi?

Si seulement il était resté près d'elle, elle aurait eu plus de courage, mais non, il est parti! il l'a quittée, et ses réflexions sont bien poignantes.... il a couru à d'autres aventures et où sont maintenant tous

> Ces serments d'amour,
> Que cent fois l'on répète,
> Et que l'on tient un jour?

Aussi, maintenant, elle le hait.... ah! s'il était là ce mécréant, c'est bien à lui qu'elle s'en prendrait!

Elle le tuerait, lui, tant elle se sent furieuse! furieuse, non pas seulement de se sentir délaissée, mais c'est l'enfant, l'enfant que le père abandonne!

Où est-il, lui? où le trouver dans ce grand Paris?

Il s'est dissimulé... il est si facile de se cacher et de se soustraire aux devoirs de la paternité.

Oui, bien sûr, si elle l'avait trouvé celui-là, elle lui aurait bien certainement lancé du vitriol à la figure, ou bien elle lui aurait tiré un coup de revolver à la tempe !... seulement le revolver avec quoi l'aurait-elle acheté, puisqu'elle ne possède rien !

Et maintenant, aller en avant, elle ne peut plus !

Mais c'est l'enfant, que faire de lui ? Il est devenu pour elle un fardeau insupportable !

Ce fardeau, elle l'abandonne !

D'ailleurs l'enfant, au sein des circonstances adverses de sa triste existence et de sa naissance, dans une situation anormale, l'enfant est d'avance et fatalement destiné à ne pas vivre longtemps !

La mort, un peu plus tôt, un peu plus tard, qu'importe ?

Lui épargner les souffrances d'une lente agonie, à cette pauvre créature innocente qui n'avait pas demandé à vivre, n'est-ce pas naturel ?

N'est-ce pas bon, n'est-ce pas nécessaire, n'est-ce pas là le devoir ?

C'est pour toutes ces raisons que la mère, faisant taire le cœur qui crie en elle, arrive à la nuit noire afin que personne ne remarque sa présence.... c'est pour cela, en vertu même de la passion maternelle, la plus tenace, la plus résistante des passions féminines qu'elle doit mettre fin à cette petite existence, à cette vie qu'elle-même a donnée !

Et détournant la tête pour ne pas voir, la mère

lance résolument son paquet dans les flots, en s'écriant :

— Là-bas, là-bas, le petit ne souffrira plus, il sera tranquille au fond de l'eau !

Ensuite c'est une jeune fille, presqu'une enfant, elle arrive et se dirige vers l'eau profonde, se glisse dans l'ombre jusqu'à l'entrée du pont qui domine la Seine, puis, descendant furtivement vers la rive du fleuve, elle se faufile dans un recoin obscur sous la grande arche, afin que nul ne vienne la déranger.

Personne ne l'a aperçue, c'est bien ! Elle se prend à réfléchir, perdue dans la contemplation de l'eau qui coule à ses pieds doucement avec un abandon et un léger murmure enchanteur.

Cette eau reflète les pâles rayons de la lune qui vient de se lever derrière le nuage sombre.

Ici la jeune fille est tranquille, assise sur la pierre, au bord de ces ondes mobiles et caressantes qui sollicitent sa méditation... elle songe, et toute sa vie, bien courte cependant, se déroule aux regards de sa pensée.

Les détails de son passé et ceux de sa situation actuelle se dessinent à son esprit.

Elle songe douloureusement.

— Ma mère, je me souviens d'elle, je pense à elle, où est-elle maintenant ?

Et puis quels étaient ses traits ? Je ne puis les retrouver exactement, mais je ne me souviens que d'une chose, c'est qu'elle m'aimait !

Oh ! combien elle m'aimait, ma mère, et puis elle

me parlait de quelqu'un de grand, très grand et surtout infiniment bon qui demeure là-haut, oui, tout
là-haut.

Et l'enfant lève les yeux vers les étoiles brillantes du firmament croyant apercevoir « Celui qui demeure là haut ».

Elle m'apprenait à prier, ma mère, à parler au
« bon Monsieur » qui est là-haut.

Mais qu'était-ce donc, que disait-elle ?

Depuis longtemps j'ai oublié, car je ne puis plus
penser !...

Et l'enfant cherchait dans son souvenir...

Ah oui, je me souviens de quelque chose, ma
mère disait :

« Notre Père qui es aux Cieux ! »

Et puis, cherchant encore :

« Délivre-nous du malin ! »

J'en suis donc à perdre la mémoire, à mon âge,...
je ne puis retrouver autre chose, mais c'est tout naturel, avec l'horrible métier qu'ils me font faire. Je fini-
rai par en perdre la raison, si cela continue.

...Le ciel, c'est là-haut, loin, bien loin, derrière
tous ces soleils qui brillent, mais j'ai entendu dire
que quand l'on meurt, l'âme court à travers ces dis-
tances pour arriver vers Dieu.

Eh bien, moi, je veux aller vers Dieu, et puis,
vers ma mère qui est près de Lui, bien sûr!

Oh ! je voudrais mourir, car que faire maintenant
que je me suis sauvée... oui, je me suis sauvée, et
il ne faut pas risquer qu'ils aillent me reprendre...

— 52 —

comme je suis encore petite, j'ai disparu au milieu
des grandes personnes qui sortaient, et, me mettant
à courir, ils ne m'ont plus trouvée... ah, comme
c'est bon !

Retourner jamais vers ces infâmes gens, oh non !
Ils étaient mes parents éloignés, et, me voyant or-
pheline, ils ont eu l'air de vouloir me protéger en
me prenant chez eux pour travailler.

Ce n'était pas par bonté de leur part, c'était pour
gagner plus d'argent, en me faisant marcher !...
mais quel travail, quel horrible travail !

En y pensant, j'ai un frisson de dégoût, le grand
frisson de quelque chose d'horrible !... pour moi la
mort vaut cent fois mieux !

La mort, la mort, la mort ! Je l'appelle, ah oui, je
veux mourir pour échapper au vice !

Mais cette eau froide, glacée, elle aussi me fait
peur et cependant elle m'attire... elle est si belle, si
transparente, elle me dit :

« Viens, viens à moi, tu seras heureuse ! » Bah,
cela ne dure pas longtemps de mourir, c'est vite fait
et surtout cela ne coûte rien.

Toute autre chose, le charbon pour s'asphyxier,
le poison pour avaler, tout cela coûte, et moi, je n'ai
rien, pas même un sou.

D'ailleurs, il me faut bien mourir, puisque je n'ai
rien à manger, et que déjà je sens la faim qui me
ronge l'estomac.

Ici, c'est bon pour tous ceux qui souffrent, pour
tous les malheureux, pour les pauvres surtout.

Ma bonne mère,... elle m'appelait « Violette », et cela représente une jolie fleur, douce, modeste, cachée et délicieusement parfumée... je les trouvais dans mon jardin autrefois.

Mais, depuis longtemps, je ne suis plus Violette que ma mère aimait tant, car combien je suis changée et combien je deviens méchante tous les jours davantage... et malheureuse; ma mère pourra-t-elle me reconnaître si je m'en vais vers elle?

Quel douloureux contraste entre ce que j'étais, et ce que je suis devenue aujourd'hui; comme je suis mauvaise et quelle ironie que ce joli nom de Violette.

Ah! si ma pauvre mère me voyait maintenant, elle comprendrait que, en demeurant ici-bas, et en obéissant à ces monstres qui me commandent comme si j'étais une brute, je deviendrais un vrai monstre comme eux, je cesserais d'être une « créature humaine ».

Oh non, non, il faut en finir, pendant qu'il en est temps encore!

Allons gaiement!

Et sans plus d'hésitation, elle se précipite.

Violette, c'est ici la jeune fille abandonnée, qui ne peut se soustraire au vice honteux auquel on veut l'assujetir, à l'ignominie la plus certaine et à une déchéance prématurée que par « la mort volontaire et violente ». Pour elle, « protéger » a été synonyme de « flétrir ».

S'il ne se produit pas d'effort sérieux pour établir

des lois qui viennent en aide à l'enfant, à la jeune fille, à la femme, tous membres délicats d'une société qui tend à les écraser... alors... l'on a recours aux palliatifs, et lorsque, réduits au désespoir, poussés à se jeter à l'eau pour en finir, c'est-à-dire quand il est trop tard enfin, alors la société, la mère, vient au secours de leur faiblesse et leur tend la main dans la personne d'hommes préposés au poste de « secours aux noyés ».

Voilà l'aberration !

Que ne vient-on à leur aide en temps opportun par des lois et des institutions résolûment protectrices du faible, de l'opprimé... et résolûment défenseurs de leurs droits.

Sans l'avoir remarqué, Violette se trouvait non loin d'une de ces stations de secours aux noyés.

L'un de ces hommes accourt en entendant, au milieu du silence de la nuit, le clapotement d'une masse qui s'affaisse lourdement dans les eaux ; il cherche à sauver l'individu, si c'est possible.

La jeune fille avait de suite perdu connaissance, cependant le flot ne l'avait pas encore engloutie, elle ne s'était pas enfoncée dans les eaux de manière à ce que l'homme ne pût facilement la saisir par le pan de sa robe et la porter dans la cahute du sauvetage.

Ce fut l'affaire d'un clin d'œil. Là, on lui prodigua tous les soins nécessaires, on la réchauffa, et puis, revenue à elle, reprenant ses esprits, Violette regarda tout autour avec étonnement.

— Et ma mère, ma mère, où est-elle, demandait-elle en pleurant.

— Eh bien, ta mère, où demeure-t-elle? on te reconduira chez elle.

— Ma mère, ma mère, elle est au Ciel !

Les hommes se regardaient avec étonnement...

Sans doute elle avait perdu la tête, la petite...

— Où faut-il qu'on te mène, ton adresse ?

— Oh, non, je veux mourir pour aller vers ma mère !

A force de l'interroger, les hommes finirent par comprendre.

— Ils me vendaient, bien cher, bien cher, je vous réponds !

Une contestation s'élève parmi les hommes du sauvetage.

L'un veut la reconduire à son ancien domicile.

— Elle leur appartient, disait-il, c'est les voler.

— Que faire d'elle, alors, où la placer, elle est gentille, la fillette.

— Eh bien moi, je la prendrai chez nous, puisqu'elle ne veut pas retourner chez ses maîtres, et qu'elle a raison, dit le bonhomme qui l'avait sauvée de l'eau.

Je vois qu'elle est une honnête petite fille, si même elle a eu le malheur de tomber en de mauvaises mains.

Depuis que nos enfants sont morts dans une noyade, ma pauvre femme est toujours malade de chagrin.

Celle-ci sera notre fille, nous serons son père et sa mère, c'est entendu, n'est-ce-pas, dit-il à l'oreille de Violette en se penchant vers elle.

Dans ce monde, à première vue, l'on se sent, l'on se comprend. l'on se devine, l'on se connait et Violette eut confiance en lui... pour toute réponse, elle lui tendit la main.

Il réconforta de son mieux la jeune fille, et aussitôt que s'appuyant sur son bras, elle put marcher :

— Allons, dit-elle.

Et lui, s'en allant tout content, répétait avec satisfaction :

« Pauvres, mais honnêtes, voilà notre devise, et nous nous en trouvons bien. »

De tout loin, en arrivant chez lui, il s'écrie :

— Femme, je t'amène une fille !

Et tous les trois, heureux, firent plus ample connaissance et ne se repentirent jamais d'avoir fait alliance ensemble.

La jeune fille a tout à fait repris son doux nom de Violette, si cher à son cœur, elle apprend à connaître d'un bout à l'autre la prière que sa mère lui enseignait, elle suit une instruction religieuse, et tout fait espérer que les peines de son père adoptif seront pleinement récompensées et couronnées de succès.

S'il existe tout un abîme de misère et de vice, il se rencontre aussi d'honnêtes gens, des âmes d'élite, lesquelles se recrutent souvent au sein du « peuple travailleur », et nous avons l'occasion de remarquer combien entre eux ils savent s'aider, se soutenir, se dévouer avec désintéressement et sans espoir de récompense.

En présence de ces faits, inclinons-nous en demandant si le dévouement se serait donc réfugié dans ce que l'on appelle à tort, les « classes inférieures de la société » ?

VI

Allons un peu respirer le grand air, admirer le soleil et tous les effets d'automne qui nous entourent au milieu de la belle et riante nature et, prenant un train de banlieue, arrivons en rase campagne.

Ici, le soleil qui darde ses rayons éclatants sur les verdures déjà plus ou moins métamorphosées, les transforme en teintes des plus brillantes, comme pour une belle fête d'adieu.

Il semble que la nature s'épanouisse tout à nouveau, qu'elle revète une beauté radieuse, qu'elle ébauche le plus gracieux de tous ses sourires, accordant ainsi d'avance une compensation aux jours sombres et froids qu'elle tient en réserve, quand les vents et la tempête viennent disperser les feuillages et faire place à l'apparence uniforme, morose et triste de la mauvaise saison.

A ce beau spectacle, nous nous écrions avec le poète :

> Salut, bois couronnés d'un reste de verdure,
> Feuillages jaunissants sur les gazons épars ;
> Salut, derniers beaux jours, le deuil de la nature
> Convient à ma douleur et plaît à mes regards !

Nous arrivons chez des amis, quel accueil simple et cordial et, tandis que le soir tout est devenu gris et terne, un grand feu de bois, brillant et pétillant gaiement dans l'âtre, répand au foyer un nouveau genre de chaleur et de vie, autour duquel la famille se groupe avec plaisir.

Intérieur charmant, aimable et cultivé tout à la fois, bien pensant, bien uni, dans une même résolution de faire le bien !... quel bienfait !

Pendant la journée, chacun vaque à ses diverses occupations, puis le soir, autour de la lampe et près du feu, ce sont des causeries, des lectures variées faites en commun, et des conversations sérieuses dans lesquelles l'on aborde tous les sujets, même ceux d'une haute portée.

Comme il fait bon ici, comme il fait chaud de cette bonne chaleur du cœur qui nous pénètre.

C'est ici le bonheur, et le bonheur n'a pas d'histoire !

Mais, tout à coup, la sonnette extérieure retentit d'une manière intempestive et inusitée.

— Qui est là ?

— C'est Nanette, l'ancienne domestique, qui voudrait parler à ses dames.

— Faites entrer, nous ne pouvons refuser de la recevoir malgré l'heure avancée.

Nanette se présente, coiffée d'un grand capuchon de laine, descendant jusque sur les épaules, afin de se garantir de l'humidité du soir.

— Et qu'est ce qui vous amène si tard, ma bonne Nanette, c'est donc quelque chose de bien pressant?

— Ah! mesdames, vous ne savez pas ce qui vient d'arriver chez les voisins avec lesquels nous vivons porte à porte depuis tant d'années, leurs joies sont nos joies, et leurs chagrins sont nos chagrins, et je viens implorer votre secours pour eux.

— Et quoi? quoi? s'écrie-t-on avec sollicitude.

— Ah mesdames, messieurs, si vous saviez !

— Mais quoi enfin? disent-ils avec une sollicitude mêlée de quelque impatience.

— C'est leur fille Lise qui est revenue, mais dans quelle situation, dans quel état, l'on n'ose y penser, elle est méconnaissable, Lise, vous vous souvenez d'elle, n'est-ce pas ?

— Sans doute!

— Saisissant un prétexte quelconque, elle était partie pour la grande ville, hélas oui, et l'on était depuis fort longtemps sans nouvelles, l'on supposait qu'elle était morte ou bien qu'il lui était arrivé quelque malheur, et l'on était toujours bien triste en pensant à elle.

Voilà que (raconte-t-elle dans son langage familier de paysanne) au moment où la famille était à table pour prendre la soupe, elle entre tout à coup.

Sans mot dire, elle se laisse tomber sur une chaise et fond en larmes.

Les parents consternés, et cependant très heureux de la voir, s'approchent, la préviennent et l'interrogent.

Mais elle se contente de déposer un paquet sur la table... c'est le cadeau qu'elle leur apporte.

— Qu'y avait-il dans ce paquet?

— Devinez, monsieur, mesdames! un pauvre petit être endormi, enveloppé dans un mauvais châle, seule défroque qui lui soit restée du naufrage, et l'enfant n'a rien à mettre.

Si ces dames étaient assez bonnes pour chercher dans leurs chiffons, l'on serait bien reconnaissant.

— Et de quoi aurait-elle besoin, dites?

— De tout, mes bonnes dames, il n'y a rien là-bas, si vous vouliez vous y intéresser, quel bienfait !

— Nous vous le promettons !

— Mais, au fait, quelle est l'histoire de cette pauvre Lise ?

— A peine a-t-elle pu encore la raconter. On lui avait promis une place dans une bonne famille qui n'était autre, paraît-il, qu'une maison?... comment faut-il dire poliment, une de ces maisons infâmes dont la grande ville abonde, où elle était retenue prisonnière, ne pouvant pas même écrire à sa famille.

Là, elle ne pouvait supporter l'existence, étant cruellement maltraitée, car elle ne voulait pas se soumettre.

Elle cherchait constamment à s'échapper, sans pouvoir y parvenir, tant les rigueurs d'une surveillance excessive augmentent sans cesse.

Enfin, un jour, je ne sais trop comment, elle trouva moyen de s'enfuir, mais elle tomba de nouveau en de mauvaises mains et ne fut guère moins malheureuse.

Sans que je puisse vous donner beaucoup de détails à ce sujet, car je ne les connais pas moi-même, la voilà qui arrive avec un bébé et, pour comble de malheur, cet enfant est une fille.

L'on pourrait croire qu'une jeune fille qui a passé par où Lise a passé n'aurait, pour ainsi dire, jamais d'enfant, mais il paraît que l'on peut se tromper.

— Le comble du malheur, pourquoi? interrogea l'une des personnes qui était là, et qui avait écouté avec attention.

— Ah! monsieur, mesdames, vous pouvez bien penser combien les femmes sont mal placées dans ce monde, combien elles ont de peine à se tirer d'affaire... tout leur est refusé, semble-t-il, elles ne sont presque jamais traitées que comme de viles domestiques, malmenées de toutes manières, sans que l'on veuille toujours le laisser paraître.

— Et qui est le père de cette enfant?

— Dame! je n'en sais rien, il court le monde, lui, il ne s'inquiète de rien. C'est comme cela qu'ils font, ces beaux messieurs, vous comprenez!.., Ah! les hommes, eux, ils sont libres.

— Enfin les parents ont pardonné à la pauvrette?

— Ils lui pardonnent, quoi? puisque tout n'est pas de sa faute, et qu'elle a été trompée de mille manières ; dans un cas pareil elle est plus à plaindre qu'à blâmer.

— Hélas, la pauvre Lise !

— Nous irons la voir, nous nous occuperons d'elle. dirent ces dames avec empressement.

En attendant voici une bouteille de bon vin rouge pour la réconforter un peu, ajouta l'une d'elles en sortant de l'armoire de service une bouteille d'excellent vin bouché.

— Ah, merci, vous m'excusez, n'est-ce pas, je ne pouvais me mettre au lit et dormir sans avoir raconté à ces dames toute l'aventure.

Si seulement c'était notre Pernette qui serait revenue, nous en serions bien heureux.

— Oui, à propos, êtes-vous donc toujours sans nouvelles ; l'on ne comprendra jamais que vous ayez laissé partir cette jeune fille de la sorte.

— Ma bonne dame, faut bien se résigner !

Mais, baissant la voix comme pour ne pas être entendue... : Je voulais aussi vous parler...

Nous avons reçu un mot de billet et nous avons eu beaucoup de peine à le lire, l'adresse surtout est indéchiffrable, continua Nanette, en présentant à son interlocutrice un papier, ou plutôt un chiffon, contenu dans une enveloppe froissée et malpropre.

Nous lisons :

« Votre fille est dans une situation malheureuse, venez à son secours ! »...

Quant à l'adresse, il ne faut pas prétendre savoir ce qu'elle indique, en effet, elle est indéchiffrable, c'est comme fait exprès.

— Eh bien, vous comprenez, je ne pouvais m'en aller sans avoir parlé de Pernette à ces dames qui sont si bonnes et si charitables qu'elles trouveront bien certainement moyen de nous venir en aide.

— Naturellement, nous sommes disposés à faire pour vous, Nanette, tout ce qui est dans les limites du possible, mais, à vrai dire, nous ne comprendrons jamais que vous ayez laissé partir cette petite Pernette si gentille, si gaie, si fraîche et surtout si honnête.

C'était une grande imprudence, une grande légèreté de votre part, et vous en voyez maintenant les conséquences, vous en recueillez le châtiment.

L'on vous a souvent expliqué que le monde est mauvais, très mauvais, et qu'il y a des personnes et même des agences commerciales qui n'ont d'autre but que de faire le trafic des jeunes filles, qu'ils les recrutent par tous les moyens possibles, tromperies, trahisons de toutes sortes, tout leur est bon.

Ils font disparaître les infortunées, on ne sait comment, et les expédient jusqu'aux extrémités du monde, de manière à ce qu'il soit impossible de retrouver leurs traces.

Enfin, il n'est plus temps de vous en faire le reproche, il faut aviser à quelque chose de pratique, à quoi, je n'en sais réellement rien, pour le moment, nous y penserons.

Mais quand elle est partie, cette enfant, comment

cela a-t-il pu arriver ? demanda l'un des messieurs, visiblement intéressé.

— Ah, monsieur, mesdames, certainement que nous avons eu tort en ce moment-là, reprit Nanette en étouffant un sanglot, mais on n'est pas riche, elle devait gagner, se faire une position, et puis devenir un peu demoiselle, vous comprenez, on a sa fierté aussi ! Et puis, pour se marier plus tard, il fallait avoir fait sa petite tournée par le monde.

— Je voudrais connaître à fond dans quelles circonstances un pareil événement a pu se produire, comment vous l'avez laissé partir, enfin, dit l'un des messieurs, alors nous serons peut-être en mesure de voir comment il faut s'y prendre pour s'occuper de cette affaire d'une manière pratique.

— Eh bien, monsieur, mesdames, je vais vous dire tout cela, dit Nanette dans son langage primitif et d'un accent tout spécial à la campagne :

C'était par un beau dimanche de printemps, l'année dernière.

Notre Pernette avait mis sa robe la plus jolie, fraîchement repassée pour la fête de Pâques.

Ah, je la vois encore, pauvre enfant, avec ses abondants cheveux bruns tressés bien proprement et ses « yeux bleus de pervenche ».

On dit qu'ils sont à la mode les yeux « bleu de pervenche », ajouta Nanette, avec une sorte de coquetterie.

Elle était charmante !

Voilà que, après le dîner, l'on était tous là à se reposer un moment, à prendre le frais sous la treille qui commençait à se vêtir de feuilles vertes, lorsqu'on voit arriver de tout loin, sur la route, un beau monsieur.

Il nous dit bonjour d'une manière avenante, s'assied sur le banc d'un air de camarade ; et nous on le trouvait gentil, on cause avec lui.

Peu à peu, il devient familier, et il nous raconte qu'il est le valet de chambre d'une bonne maison, et que ses maîtres l'envoient chercher à la campagne une jeune domestique, que celle-ci serait bien traitée, bien payée, et qu'elle n'aurait pas grand'chose à faire, pourvu qu'elle soit complaisante et affable.

Tout en parlant, notre homme considérait Pernette, ayant l'air de dire :

« Celle-ci conviendrait bien ! »

Alors il s'enhardit :

— Et la vôtre, ne viendrait-elle pas? Ce n'est pas loin d'ici, je suis chez Mme la Comtesse de Vieux-Chène, à la Sapinière.

Nous, on se regardait avec étonnement, avec admiration.

— Quoi le serviteur de Mme la Comtesse qui vient prendre place à nos côtés, qui demande notre fille pour entrer dans la place !

Cela nous paraissait invraisemblable, mais le monsieur avait un air si naturel et si véridique que nous ne pûmes douter de sa parole. Ah, quel honneur insigne !

L'on n'osait pas dire oui, et pourtant l'on avait bien envie que cela pût s'arranger. Comment trouver une meilleure situation que celle-là pour notre Pernette. Mme la Comtesse, une personne si haut placée, si respectable, l'on ne pouvait rien désirer de mieux que cela, d'autant plus qu'elle ne serait pas très loin de chez nous.

Et voilà qu'on se décide à la laisser aller.

— Mais elle ne partira que dans quelques jours, dit la maman, car il faut mettre en ordre ses effets, préparer sa malle.

— Oh, pas nécessaire, dit l'homme, ce que vous prépareriez serait peut-être tout autre chose que ce qu'il faudrait avoir !

Elle est bien comme cela, la fillette,... on lui fournira des habits... puisque, vous comprenez, c'est une excellente place, et même vous devriez me donner au moins dix francs de dédommagement pour être venu chez vous la chercher.

Je ne vous demande pas davantage ! naturellement, tous mes frais sont couverts par Mme la Comtesse, seulement il faut que je parte de suite, mon billet de diligence est pris et je ne puis manquer la poste qui part dans vingt minutes, ajouta-t-il, en regardant sa belle montre en or.

Nous, on pensait bien que tout cela marchait un peu vite, mais enfin, à la distance de chez Madame la Comtesse, nous la reverrions déjà dimanche prochain.

La petite avait une certaine émotion d'une décision aussi prompte, cependant elle allait volontiers, tant ce monsieur avait de bonnes manières et paraissait comme il faut.

Et ainsi elle partit.

Le dimanche suivant, nous allâmes en grande cérémonie à la Sapinière, afin de remercier Mme la Comtesse de Vieux-Chêne de toutes ses bontés, mais rien, personne à la maison, la grille du château était fermée, de renseignements, nul ne pouvait en fournir, et nous apprimes même, avec la plus grande difficulté, que madame était allée au midi, depuis quelques mois déjà, soigner un de ses enfants malades. De Pernette, aucun indice quelconque, ni du monsieur non plus, vous jugez de notre étonnement et de notre stupéfaction.

Personne ne les avait vus, ni de près ni de loin, aucune possibilité de retrouver leurs traces.

Le postillon seulement nous raconta qu'ils étaient descendus à la bifurcation du chemin sous prétexte de prendre un sentier plus court pour arriver à la Sapinière et que, au village voisin, on avait remarqué une voiture hermétiquement fermée, lancée au grand galop, et dans une direction que l'on n'a pu indiquer.

— Et n'avez-vous pas fait d'autres démarches encore, donné au public le signalement de l'individu, et diverses choses enfin qui sont à votre portée en pareil cas.

— Ah, monsieur, à qui s'adresser? Faut bien se résigner !

— Se résigner, non, il existe des choses en présence desquelles il est mal de se résigner !

Se résigner, quand la volonté de Dieu est manifeste, c'est bien, mais quand l'on se trouve en présence du vice et de la méchanceté des hommes, il faut au contraire lutter, travailler jusqu'à ce que l'on se soit rendu maître, et ici c'est le cas ou jamais !

Il existe de saintes révoltes, il faut les connaître, les discerner, les pratiquer !

Mais aussi, quel enfantillage, et même pire que de l'enfantillage, de laisser partir d'une pareille manière une jeune fille, une enfant !

— Nous étions persuadés qu'il était l'envoyé de Mme la Comtesse, nous n'avions aucun doute à cet égard.

— Oui, quelle naïveté, quelle crédulité coupable. Dans ce monde, il ne faut pas croire le premier venu qui se présente, et lui donner sa confiance, surtout quand il est question de choses aussi importantes que l'avenir d'une jeune fille ! il faut savoir attendre, se donner le temps de prendre quelques informations et ne pas se jeter tête baissée au-devant de toutes les incertitudes et de tous les dangers.

Que vous êtes ignorante aussi, vous ne vous rendez donc pas compte, comme ma sœur vous l'a expliqué tout à l'heure, que la jeune fille est l'objet d'un commerce très réel, très actif, très bien organisé, et que cet épouvantable négoce de chair humaine qui s'appelle la « traite des blanches » constitue un grand marché international répandu dans le monde entier et dont le centre est à Paris.

On les expédie au loin, en escouades nombreuses, en Chine ou ailleurs, sur les bateaux à vapeur de grande navigation, les faisant passer pour des sociétés théâtrales en tournée artistique.

Leurs noms sont changés... et la pauvre victime ne se reconnaît plus elle-même.

C'est ici, l'une des plus tristes réalités du jour actuel... et comme il en est constamment parlé dans les journaux, l'on peut se tenir pour averti, de sorte que, au sujet de ce qu'est devenu votre enfant, l'on peut se livrer à toutes les conjectures, l'on peut tout craindre...

— Ah, monsieur, que vous me faites mal, ne retournez pas ainsi le fer dans la plaie, nous souffrons tant !

Si vous saviez quelle affliction, quelle épreuve c'est que d'avoir perdu, et cela par notre faute, cette bonne petite Pernette qui était notre orgueil, notre joie et notre rayon de soleil.

— Cependant le billet que vous avez reçu indiquerait que Pernette est à Paris et qu'elle est encore de ce monde !

Espérons qu'une circonstance fortuite nous la fera découvrir !

— Mais, peut-on comprendre qu'ils s'en prennent à des jeunes filles honnêtes comme était notre Pernette, car c'était honnête, honnête par-dessus tout.

— C'est là précisément ce que ces malfaiteurs tâchent d'obtenir, par la raison bien simple que plus une jeune fille est honnète, moins elle se défiera.

Elle ne connait pas le mal, elle ne se doute pas du danger qu'elle court, elle ne s'en aperçoit pas, et elle tombe plus facilement encore dans les filets qui lui sont tendus en secret; c'est pour cela qu'une jeune fille, tant honnète soit-elle, doit ètre instruite de bonne heure de tout ce qui la concerne.

Lui avez-vous fait au moins quelques recommandations en vous séparant d'elle, l'avez-vous prémunie contre les tentatives probables de cet individu pour nuire à sa moralité ?

Lui avez-vous dit quels pièges l'attendent au milieu du monde ?

Et comment donc? Une mère tant soit peu expérimentée qui laisse partir sa fille pour un avenir plus ou moins inconnu, sans lui faire de sérieuses recommandations que toute mère doit à son enfant, au moment de la quitter?

Sans doute, dans une position aisée des parents réfléchis laissent ignorer le plus longtemps possible à leur enfant les choses douloureuses de l'existence, afin de lui conserver cette « fleur de jeunesse » et d'innocence qui est le plus grand charme de la jeune fille, mais dès que cette jeune fille est forcée de s'en aller, de quitter la maison paternelle, l'on doit lui faire savoir quel danger elle court de la part de tout homme immoral.

Puis, se levant et prenant son chapeau :

— Je vais vous accompagner, Nanette, par cette nuit obscure, il est temps de partir !

...La nuit porte conseil, et le lendemain de ce jour la famille parut fort préoccupée du bébé de l'infortunée Lise : l'on s'informa, l'on voulut aussi de ses nouvelles, et il fut prouvé que Lise était en effet bien malade, qu'elle était vieillie de dix ans et davantage ; qu'elle avait été battue par la tempête, broyée dans l'affreux engrenage du vice, pouvant à peine se dresser sur son séant et que l'enfant n'était autre qu'un misérable avorton.

— Vivra-t-il, c'est une question que l'avenir seul pourra résoudre. Il est probable que non, car il faut tant de soins, tant d'amour pour élever ces frêles créatures et celle-ci en a manqué, on le voit, dès les premiers instants de son existence, outre que la mère était déjà épuisée par la souffrance et les privations.

— Mais, si l'enfant dormait, c'était bien un signe de santé !

— A 'noins qu'il ne dormît du sommeil de la mort ?

L'on proposa de prendre à la maison le bébé, afin de le soigner, cela sauverait peut-être la vie à cette frêle créature.

— Je comprends votre pensée généreuse, fut-il répondu, mais ôter l'enfant à la mère serait une grande faute.

— La faute, en quoi consisterait-elle ? car pendant

ce temps elle pourrait se soigner, se reprendre à la vie !

— La faute serait de soustraire la mère à sa responsabilité maternelle... car non seulement l'enfant a besoin de ses soins avant tout, mais il faut que la mère, et il y a pour elle un élément de relèvement moral, il faut que la mère sente peser sur elle la responsabilité de son enfant !

Que le père l'ait abandonné, c'est mal, très mal. et raison de plus pour la mère d'avoir besoin du stimulant perpétuel de cette chétive existence à sauver.

— Crois-tu donc que cette Lise soit capable d'élever son enfant ?

— Si nous parvenons à développer en elle « l'amour maternel », qui est pour le moment très engourdi, tout sera gagné, et nous ferons tout au monde pour arriver à cet heureux résultat, qui la distrairait elle-même du découragement et de la tristesse.

Et ces misérables parents ! Quoi ! une jeune fille, à peine a-t-elle quinze ans ! prétendre comme excuse qu'elle doit faire son petit tour du monde, afin de se marier convenablement plus tard, au lieu de comprendre que « un tour du monde », c'est bon pour les garçons afin de leur apprendre à voler de leurs propres ailes, au lieu de se tenir pendus au jupon de leur maman ; mais pour la jeune fille, combien c'est différent : celle-ci, il faut, au contraire, la garder au logis le plus possible, la préserver des tentations, des dangers auxquels sa faiblesse et son inexpérience l'exposent.

La jeune fille, mais, plus elle reste auprès de papa et de maman, plus elle devient charmante parce qu'elle se sent en sûreté. Elle peut s'épanouir librement, comme une jolie fleur des champs; l'envoyer au loin sans une absolue nécessité, ah, malheur! Aussi le malheur n'a pas tardé à arriver, et maintenant comment en sortir, en vérité, je ne le sais pas, et toi?

— Et moi, pas davantage, répondit Suzanne d'un air pensif, je me creuse la cervelle pour savoir ce qu'il y aurait à faire, je ne trouve rien de pratique, de positif et de décisif à imaginer; je crains que cette bonne et pauvre petite Pernette ne soit perdue et bien perdue.

— Encore si elle était la seule victime, mais penser que journellement, non pas journellement, mais à toute heure, à chaque minute, des multitudes de jeunes filles sont sacrifiées sans défense à l'immoralité de l'homme riche!

Ah, combien il y a de quoi souffrir à considérer de pareilles iniquités sociales!

VII

Retournons à la ville et, poursuivant notre promenade, longeons le quai !... Il nous conduit à la portion la plus ancienne, partant la plus vénérable de tout Paris, cernée par les eaux de la Seine, et qui forme un groupe à part, indépendant.

Ici, sur la place du Paris-Notre-Dame, admirons la magnifique cathédrale d'architecture gothique qui remonte à la belle époque ogivale, avec son porche immense et tous les ornements qui le composent: innombrables rangées de saints et d'apôtres !

L'œuvre colossal, si merveilleusement beau, d'un édifice de cette nature est essentiellement destiné à instruire le spectateur. C'est toute une Bible, en quelque sorte une révélation écrite sur la pierre et le marbre, dont chaque détail est significatif, éloquent, pour qui sait comprendre ce langage symbolique, mystérieux, ce travail considérable, élaboré et accompli pendant des siècles, mais qui reste lettre morte pour l'observateur ignorant.

Il va, il vient, admirant ces beautés comme une simple œuvre d'art, se promenant inconscient sur le macadam poli et glissant de la grande place où le pauvre boiteux présente sa crusille à l'entrée du temple.

Passons donc et dirigeons nos pas vers un édifice bas et de pauvre apparence où, sur quelques marches d'escalier, la foule entre et sort, les uns d'un air insouciant et quelques autres paraissant accablés de tristesse.

C'est la « Morgue » qui domine le large fleuve aux vagues écumantes, où, derrière un paravant, l'on se trouve en présence de brancards étalés. Les morts sont couchés sur des grabats, l'œil terne, et dirigé vers le spectateur qui stationne à l'entour.

Chacun regarde et examine cet aspect lamentable qui impressionne douloureusement ceux qui n'ont pas l'habitude de pareils spectacles, d'autant plus que chacun, à son heure, peut, cas échéant, se trouver placé dans une aussi triste situation.

C'est ici le dernier rendez-vous des assassinés, des écrasés, des noyés, des suicidés, et de tous les infortunés ramassés ici ou là, dont l'identité n'a pu être reconnue.

Le plus riche... qui reste inconnu, comme le plus pauvre, est exposé à se trouver ici, tant il est vrai que la mort est ici et partout le grand faucheur égalitaire, il moissonne de la même manière et le pauvre et le riche.

Autour des morts, l'on chuchotte, l'on montre du

doigt, et ici, comme à la rue, l'on peut saisir au vol des lambeaux de conversation au cachet tout à fait populaire.

Deux jeunes femmes parlent ensemble à demi-voix.

— Celle-ci, vois-tu, elle doit être celle du cinquième étage, tu sais, la Pauline.

Elle a eu un bébé et le père l'a abandonné, comme ils ont l'habitude de faire du reste! L'on doit s'y attendre, c'est la règle générale et à cette « loi d'é-goïsme » il y a peu d'exceptions; la Pauline a dit qu'elle n'avait plus rien à faire qu'à se laisser mourir ! Sans doute, c'est elle, je reconnais cette touffe de cheveux noirs, et puis tu vois là, pendus à côté d'elle, le jupon jaunâtre et le pardessus à raie qu'elle avait gardé après avoir mis tout le reste au mont de piété?

— Regarde, ils n'ont laissé qu'une serpillière pour couvrir sa nudité! Toute jeune comme elle était! quinze ans, ma chère, croirais-tu, quinze ans !

— Faudrait pas en arriver là!

— Pas si facile, quand on voit comme ils nous trai-tent, ces... si l'on a pas le sou, faut bien faire quel-que chose, se noyer, par exemple, hein?

— Et le père ne donnait donc point d'argent?

— Pas si bête ! ne sais-tu pas que la loi ne recher-che pas les pères et qu'ils peuvent se dispenser agréa-blement de s'inquiéter de leurs enfants?

Tu dois bien savoir que les hommes ne sont à peu près tous que des égoïstes, ils ne cherchent que leur satisfaction, et leurs devoirs, ils les méprisent.

— Quelle injustice, il y a bien là de quoi se jeter à l'eau!... et puis, il semble encore que toute la faute soit à nous, vrai!

— Moi je dis que, quand nous abandonnons nos enfants et que nous nous jetons à l'eau comme la Pauline, c'est leur faute à eux, ils en sont le plus souvent coupables et responsables.

Malgré cela, ils continuent à marcher «haut la tête» comme des innocents!

— On dit que c'est « la loi » comme ça!

— On dit, on dit... on devrait changer les lois, depuis le temps qu'on en parle, on ne fait rien pour cela, à ce qu'il parait.

— Bien vrai, dit l'autre, avec componction. Et toutes deux réfléchissaient en regardant la morte.

Après un moment de silence :

— Et l'enfant, est-ce qu'il est mort aussi ?

— Je n'en sais rien, on l'a mis aux enfants trouvés.

— Les petits, que deviennent-ils quand on les met aux « enfants trouvés », sais-tu ?

— Mais oui, je le sais, on attache à leur pauvre petit cou un numéro, et puis on les envoie à la campagne chez des nourrices qui prennent l'argent et qui tourmentent les enfants ; la plupart du temps ils meurent... il en meurt une masse, je le sais.

— Alors, c'est tout autant de défenseurs de la patrie qu'ils ont de moins ?

— Naturellement.

— Et les petites filles, quand elles ne meurent pas, qu'en fait-on ? toi qui sais tout.

— On en fait, on en fait, je ne sais pas comment dire... je crois qu'on les vend à ces grandes maisons qui font le « commerce de femmes ».

— Alors ils gagnent beaucoup d'argent.... On appelle ça, je crois, la « traite des blanches »... Oui, c'est bien ça ! Y avait autrefois la « traite des noirs », à présent c'est la traite des blanches. Tu comprends ?

— Oh ! je comprends, voilà, pas précisément... enfin quoi, puisque nous sommes sûres que c'est la Pauline, il faut aller faire notre déclaration à la police, afin qu'elle soit enlevée de cet horrible endroit et qu'on l'enterre convenablement.

— Mais il paraît qu'on ne les ensevelit pas, celles que l'on ramasse ainsi... on les entasse dans un char et on les porte aux docteurs qui les déchirent en morceaux, ensuite on vend leurs os pour faire de l'engrais, et toutes sortes de drogues. Encore ici, ils gagnent beaucoup d'argent au moyen de la femme ramassée à la rue.

— Non, que c'est triste, voilà comment la fille du peuple est traitée !...

...Profondément affligés et la larme à l'œil, hâtons-nous de quitter cette scène lugubre, qui, située à l'ombre des grandes tours de la cathédrale, a peut-être été placée ici afin d'implorer sur elle la protection immédiate de l'Eglise ?

En s'éloignant, l'on est heureux de sentir le bon et chaud soleil qui brille dans le ciel bleu !

Malgré cette clarté bienfaisante, l'on sent le froid de la mort qui a pénétré jusqu'au fond de l'âme.

Ce beau soleil, « il luit pour tous », n'est-ce-pas un mensonge ? car combien de pauvres existences qui se trouvent comme enfouies dans les ténèbres morales, spirituelles, et entourées de privations matérielles.

Un grand nombre de pensées douloureuses viennent nous assaillir, et tout en marchant l'on se demande en quoi consiste ce grand « problème de la souffrance », qui pourrait ébranler la foi en la justice et en la sainteté de Dieu, si cette foi ne reposait pas sur les bases solides de l'expérience personnelle en sa fidélité et en son amour !

La misère, et toutes les angoisses qui en résultent, provient du mal, du péché, de la vie en contradiction avec la volonté de Dieu.

Arrêtez le mal, vous enrayez du même coup et en grande partie la misère.

Par contre, cherchez à enrayer la misère, sans porter remède au mal moral qui en est la source, vous ferez œuvre vaine, ou du moins œuvre momentanée !

La misère renaîtra encore et toujours sous une forme ou sous une autre ; la misère, conséquence et suite de la révolte contre les lois de la nature et de la sainteté !

———

VIII

Nous voici arrivés aux abords du « Palais de Justice » !

La cour d'honneur, séparée du boulevard par une belle grille en fer doré, les grandes marches d'escalier qui conduisent aux diverses salles. les statues, l'apparence grandiose et monumentale font du Palais un édifice fort intéressant à parcourir.

C'est ici le sanctuaire de la « justice légale », au milieu duquel messieurs les avocats à tous les degrés, la serviette au bras, en grande tenue, arpentent les couloirs, les chambres d'audiences et les locaux de tous genres qui font du Palais de Justice un monde à part.

Leurs pas vigoureux retentissent bruyamment sur les dalles de pierre, à la salle des Pas-perdus, qui est, dit-on, la plus vaste du monde, avec ses voûtes colossales et ses énormes piliers d'ordre dorique ; ici, c'est le rendez-vous de ces messieurs à longue robe, manteau flottant et calotte noire.

Ils se promènent avec fracas, parlent avec de grands éclats de voix, faisant des gestes d'énergumènes et réveillant tous les échos d'alentour, de sorte que le bruit de leurs pas, de leurs exclamations et de toute leur animation, répercuté par les colonnades et les arches, est comme une tempête qui s'élève, comme une bourrasque de flots déchaînés qui monte, monte et descend, puis remonte encore sous les voûtes sonores, et l'on ne s'entend plus.

Au Palais, écoutons ce qui se dit aux bancs de la police correctionnelle, où sous nos yeux défile une suite non interrompue de pauvres malfaiteurs, souvent très jeunes, encore enfants, et qui, pour la plupart, paraissent discerner à peine leur main gauche de leur main droite, c'est-à-dire, ne faire aucune différence entre le bien et le mal.

La criminalité est donc bien précoce et les instincts du vice se développent bien rapidement, d'une manière presque inconsciente, tant le vice est contagieux, semblable à un champignon qui se propage, et gagne de proche en proche.

Ne nous attardons pas, et, de là, rendons-nous au local de la Cour d'assises, bien plus grave et solennel, car ici se trouve en jeu, dans les débats, la vie ou la mort du prévenu.

Ce sont ici les causes palpitantes d'intérêt, d'imprévu, d'émotions de tous genres, et qui même, parfois, nous pénètrent d'horreur, en levant une portion du voile qui recouvre les bas-fonds parisiens. Fort souvent même, les plaidoieries sont d'une nature tellement immorale que, par décence publique, on les tient à huis clos.

La séance s'ouvre par l'entrée à sensation du président, chacun se lève et se découvre.

Lui et ses assesseurs sont habillés non de noir, comme c'est la coutume pour les avocats ordinaires, mais de rouge, et, du reste, assis dans de grands fauteuils, en face de grands pupitres, le visage incliné sur les grands in-folios de la loi dont ils sont les interprètes, l'on ne peut guère distinguer les traits de leur visage, ni leur expression particulière, ni les détails de leurs costumes de circonstance.

L'on procède à l'appel nominal du jury, puis tous les regards se dirigent vers la personne qui vient d'entrer, assise à la barre des accusés, escortée de deux gardiens en grande tenue.

Ici, c'est une femme!...

Elle est belle et jeune encore, mais quelle souffrance morale aiguë empreinte sur toute sa personne.... le sourire est absent de cette bouche fine... ce sourire qui ajoute quelque chose de spécial à la beauté, mais que la douleur abat.... après elle, il ne reste plus que le sourire forcé, le sourire fade des marchandes de sourires, qui est si repoussant et déplaisant.

Mais de quel crime est-elle donc coupable, pour se trouver là en présence d'un tribunal aussi redoutable, après qu'elle a été extraite des cachots impénétrables que renferme le Palais?

Ah! l'on pourrait croire que c'est du nouveau!

Non, c'est toujours la même chose, encore la même histoire qui se retourne sous mille formes, en mille et une circonstances diverses, et qui, au fond, est toujours semblable à elle-même.

Cette femme, elle est, paraît-il, accusée d'infanticide, c'est-à-dire que négociée à un jeune homme riche, qui fit d'elle sa proie, elle devint mère et le monsieur, rassasié désormais, n'étant retenu par aucun lien sérieux, un beau jour, chasse la jeune femme honteusement de chez lui, avec l'enfant, se déchargeant ainsi de toute entrave et de tout embarras.

Cette malheureuse ! Où aller, que faire de ce pauvre être faible, incapable, qu'elle porte dans ses bras et qu'elle ne sait comment nourrir ?

— Vous auriez pu lui acheter du lait, dit le juge avec un aplomb et une naïveté incroyables chez un homme expérimenté.

— Avec quoi ? j'ai été abandonnée, je me suis vue privée de tout, n'ayant rien !

En effet, réfugiée dans un mauvais gite, ouvert aux vents de tous côtés comme il y en a tant dans le grand Paris, absolument glacée, livrée elle-même à l'inanition, la pauvre femme avait laissé mourir de faim son enfant, mais on affectait de ne pas croire à une pareille négligence ; ce n'était sans doute qu'un faux-fuyant aux yeux de ces juges intègres.

Telle est la substance de l'affaire !

N'écoutant plus les interrogations ni la déposition des témoins à charge, car tout cela nous paraissait superflu, nous étions debout dans l'enceinte réservée au public, critiquant, jugeant en nous-même, et nous essayons même de saisir au passage quelqu'un de ces avocats novices qui entrent et sortent constamment au cours des audiences et d'avoir avec lui quelques instants de conversation.

Mais il paraissait si agité, allant d'une salle à l'autre, que l'on ne savait, en vérité, comment s'emparer une minute de son attention.

— Et le père ? lui dit-on avec indignation.

— Comment, le père, est-ce qu'il y a un père en question, par hasard, répond-il interloqué.

L'homme ayant acheté la femme, et l'ayant payé cher, elle lui appartient, elle est sa chose, son esclave, il était donc bien libre de se débarrasser d'elle, quand et comme il lui convenait, il aurait pu la tuer, alors, ç'aurait été encore bien pire.

Voilà toute l'affaire !

Eh bien ! merci, il ne manquerait plus que cela, continua le jeune clerc, avoir à s'inquiéter « des pères », nous n'en avons pas le temps, nous n'aurions jamais fini, d'ailleurs ne savez-vous pas que « d'après la loi » toute recherche de paternité est interdite ?

Voilà donc à quoi se résume toute la morale de l'affaire ! nous nous sentons révoltés de l'injustice et sur le point d'insulter les juges en leur criant:

— Mais, attendez donc, ne jugez pas la chose ainsi !

Cependant la plaidoierie continue à se dérouler, le jugement va être prononcé et d'après la rigueur des lois fabriquées par l'homme contre la femme, la sentence qui atteint celle-ci est : « peine de mort », et avant quarante jours cette belle tête devrait tomber sous l'échafaud.

Mais la conscience des juges leur crie à tue-tête que la loi est inapplicable, parce qu'elle est injuste. que tout cela doit changer, en conséquence de quoi la femme est acquittée !

... Cependant une nouvelle audience se prépare, et profitant des vides qui se font sur les bancs, asseyons-nous et passons en revue les détails ornementaux qui se présentent aux regards ; surtout inspectons avec intérêt cette foule qui abonde toujours aux spectacles de cette nature, à ces jugements, à ces débats si terribles en même temps que si intéressants quand ils concernent la femme, et que tout ce qui touche celle-ci est pour nous fort instructif.

L'on se demande tout à nouveau :

— Qui va paraître au banc des accusés ?

Fixant avec anxiété la porte d'entrée des coupables, nous apercevons une jeune personne qui est introduite.

Elle porte une tresse massive de cheveux, salis par la poussière ; ses paupières sont affaissées, elle a l'air de ne rien discerner autour d'elle, tant le grand jour éblouit son regard accoutumé dès longtemps sans doute aux obscurités du Dépôt et aux ténèbres du cachot.

Cependant, le Président et toute la Cour de justice ayant fait de nouveau leur apparition, l'on commence à interroger l'accusée, et force est bien pour elle de soulever la tête et de répondre distinctement.

L'on vient de prononcer les noms, prénoms et autres indications d'usage de la malheureuse, mais le sourd brouhaha qui règne tout autour dans la salle nous empêche de les discerner.

Le silence enfin s'établit, et l'on entend le Président interpeller :

— Vous êtes accusée d'infanticide ?

.... Silence complet.

— Dans quelles circonstances ? répondez.

— Ah, monsieur le Président, ce n'était pas ma faute !

— Vous avez caché l'enfant sous un fumier ?

— Oui, monsieur le Président, mais il était mort en naissant.

— Quelle preuve en donnez-vous ?

— La preuve, monsieur le Président, que c'est en allant et venant à mon ouvrage que je l'ai mis au monde.

— Vous aviez bien du courage : mais encore, quelle preuve alléguez-vous ?

— La preuve.... c'est que personne ne l'a entendu crier.

— Et pourquoi n'avez-vous rien dit à personne ?

— Parce que l'on m'aurait chassée de ma place, je ne demandais qu'à travailler honnêtement, et je ne voulais pas me faire jeter sur le pavé comme une coupable.

— Mais vous y êtes sur le pavé.

— Oui, monsieur, je ue saurais qu'y faire !

Et se redressant avec une sorte de fierté l'accusée lève de grands yeux sur la foule assemblée et promène un long regard, comme pour demander confirmation à ce qu'elle vient de dire, et paraissant évoquer dans le passé un souvenir affirmatif.

— C'est elle,.... murmurait derrière nous une femme âgée, c'est bien elle, je reconnais le timbre de sa voix.... Ah! cette petite si brave, si honnête, la voir ici, dans une pareille situation.... Il faut la sauver à tout prix, mais comment?

Un huissier s'approche :

— Madame, taisez-vous, il n'est pas dans les usages de parler ici !

— Ah! et cachant son visage dans ses deux mains, la femme fondit en larmes.

Cette petite scène éveillait déjà l'attention du public qui, pensant que madame voulait se donner en spectacle, attirer les regards sur elle, ricanait à son sujet.

— Que faire, murmurait encore la femme, comment la sauver, l'on m'impose silence !

Et se sentant comme révoltée, plongée dans l'amertume et le découragement contre ces hommes qui allaient condamner la petite injustement, perdant tout à fait la notion de l'enceinte auguste dans laquelle elle se trouve :

— C'était ma petite voisine de campagne, je la connais, moi, ah ! quelle honnête petite fille, et ses parents, ah !.... se mit-elle à crier.

Mais sa voix se perdit, car déjà l'avocat défenseur s'était levé, il prenait la parole au milieu du plus grand silence et d'une sorte de recueillement, l'on aurait entendu voler une mouche tant l'attention était soutenue ; quels seraient ses arguments en pareille occurrence :

— Messieurs, disait-il en désignant de la main la petite, assise et paraissant accablée, seule au banc des accusés entre les deux gendarmes, Messieurs, vous voyez cette jeune fille qui paraît n'être encore qu'une enfant, mais tout enfant qu'elle est, voilà déjà son honneur détruit, son existence compromise, et par qui, « par celui qui est l'autre coupable, et le vrai coupable » celui-là.

Mais la loi ne s'attaque pas à lui, elle s'attaque à la femme, la loi ne s'inquiète ni de le connaître ni de le chercher, et nous savons tous que cette loi est injuste, car chaque jour la cour d'assises retentit bruyamment des causes d'infanticide : le fond est toujours le même, les détails seuls diffèrent et sont pour nous sans importance ; cependant, pour la bonne règle, les voici :

A travers des péripéties douloureuses, cette jeune fille se trouve enfin petite domestique, fille de campagne et loin de sa famille, et le maître abuse de sa faiblesse et de sa jeunesse. Tous les jours, c'est la même chose et la jeune servante ne tarde pas à en subir les funestes conséquences.

Veut-elle se plaindre, le maître se met en colère et la chasse honteusement, en criant :

— Ah! les garçons de ferme, etc.

La jeune servante change de localité, s'engage dans une autre place: grâce à ce qu'elle a pu dissimuler sa situation, elle fait son ménage et personne ne se doute de rien.

Un beau jour cependant, elle jette à la hâte sous un fumier un enfant nouveau-né, puis elle retourne au travail, se tirant d'affaire comme elle peut.

Mais elle a été surveillée, un œil malin l'a suivie, on la dénonce, la police l'emmène, elle parait ici en jugement.

Et la voilà!

Dites, Messieurs, si c'est sa faute à elle et si nous oserions la condamner?

Bien au contraire, mais atteindre et terrasser l'autre coupable, qui est le « vrai coupable », quand il est question de ces sortes de choses, voilà quelle est, quelle doit être, quelle sera notre œuvre dans l'avenir, s'écriait l'avocat défenseur avec un grand et beau geste prophétique.

En attendant, continuait l'avocat, en attendant, Messieurs, absolvons toutes ces pauvres victimes de nos passions, d'autant plus que la loi est élastique et embrouillée, c'est une arme que nous manions à notre gré, à notre fantaisie et dont jusqu'ici nous avons dirigé la pointe acérée contre la femme.

Dès maintenant, cette arme puissante dirigeons-la contre nous-mêmes, contre notre propre poitrine et....

Absolvons.... pour le plus grand bien de l'humanité! Absolvons.... non par pitié, mais par justice !

Absolvons.... jusqu'à ce que le vrai coupable vienne comparaître à cette barre !

Absolvons.... jusqu'à ce qu'ait disparu de nos vieux bouquins, de nos registres poussiéreux, ce mot fatal :

« Toute recherche de paternité est interdite ! »

DEUXIÈME PARTIE

—

CHERCHEZ LA FEMME

I

Au cours de nos excursions dans ce monde immense qui s'appelle « Paris », et tout en nous promenant en simple spectateur et en philosophe, nous avons eu le loisir d'admirer les édifices de tous genres : bibliothèques, musées, palais et autres richesses extérieures qui sont du plus grand intérêt sans doute, mais de là, remontant plus haut, étudions le « Paris moral », au sujet duquel, à la rue en passant, tout nous fournit une leçon de gens et une leçon de choses !...

Et là nous découvrons que partout, plus ou moins, règne le malaise, la désespérance de toute chose, la criminalité de tous genres et à tous les degrés, dédale inexprimable de pensers, de tendances, de croyances diverses et surtout, assez généralement, une absence de ce qui constitue : « les bases de l'ordre moral » !

En un mot, au milieu de ce Paris si brillant, de ces grands espaces ensoleillés, dans cette ville unique en son genre par sa beauté, par son rayonnement, dont toutes les portes sont ouvertes à toutes les lumières, littéraires, scientifiques et tant d'autres semées à profusion, dans cette capitale intellectuelle de l'Europe et du monde, au sein même d'une civilisation aussi avancée, telle qu'elle se manifeste de tous côtés par ici, nous avons aperçu qu'une ombre plane, une grande ombre dont l'on ressent partout la tristesse et l'ennui!

Toutes ces maladies de l'âme, cette ombre enfin, comment les résumer, si ce n'est par « situation générale de la femme ».

— En quoi la situation de la femme est-elle capable de faire planer une ombre sur les beautés de la grande ville de Paris?

— Vous n'en êtes cependant pas à ignorer que cette ombre est une ombre morale qui provient de l'abaissement de la femme, de l'exploitation immodérée de la femme, disons même de « l'esclavage de la femme ».

En effet, ouvrez les yeux, et partout, toujours, dans n'importe quel domaine vous portiez les investigations de votre pensée, vous découvrirez la femme hors de la vraie place qui devrait lui être assignée; vous la verrez un être malheureux, méconnu, souffrant, non protégé, non défendu contre les injustices et vous verrez que tout concourt à la réduire en servitude davantage et davantage encore.

— Tout cela est fort naturel, car la femme.... quel cas faites-vous de la femme, de cet être inférieur à l'homme qui n'est là que pour nous servir et grâce à notre bonne volonté ?

— En quoi donc la femme serait-elle inférieure à l'homme, expliquez-vous ?

— Inférieure, qui ? En toute chose, par ses facultés, par son caractère et surtout en ce qu'elle n'est pas forte comme nous autres hommes ; voyez-vous la femme creuser des canaux de navigation, construire des navires de guerre, et que sais-je ?

La femme n'est là que pour donner des enfants au monde, et voilà !

— Le féminisme, qui est « la défense des droits de la femme », considère les choses tout autrement, et il affirme que si la femme est faible, c'est précisément ce qui constitue sa gloire, sa valeur et tous les droits qu'elle possède à être protégée.

D'ailleurs la faiblesse de la femme est plus apparente que réelle, et croyez-le, à ce point de vue, l'homme n'a aucune raison de se considérer comme supérieur ! Pour quiconque apprécie à un haut degré la force, il est prouvé que la femme ne le cède en rien sous ce rapport. Seulement sa force, sa résistance, son endurance se manifestent d'une autre manière et revêtent un caractère différent que chez l'homme ; par exemple, croyez-vous qu'il ne faille pas de la force physique pour mettre au monde des enfants, pour les élever et pour vaquer à tout ce qui concerne le côté matériel de l'existence, en ce qui regarde la femme.

— Oui, mais il y a « la guerre », l'impôt du sang

— La guerre ? Eh bien, quand il le faudra, la femme, la vraie, elle ira à la guerre, elle ira soigner les blessés, consoler les mourants et leur fermer les yeux : d'ailleurs qui travaille à éloigner, à abolir le fléau destructeur de la guerre, autant et plus que la femme aujourd'hui ?

L'impôt du sang ? la femme le paie largement en donnant des fils à la patrie, croyez-le !

Et puisque maintenant l'on parle vaguement, sans doute, mais l'on parle d'incorporer dans les armées des jeunes filles de vingt ans, est-ce qu'on ne les considère pas comme suffisamment fortes pour cela ?

Non, la prétendue force de l'homme, qui du reste est accompagnée de tant de faiblesse, n'est qu'un prétexte bien imaginé sans doute, c'est une légende pour « dominer la femme ».

Par ses facultés, la femme n'est pas inférieure non plus, les faits de chaque jour sont là pour le prouver, seulement ses facultés intellectuelles ne reçoivent pas le développement dont elles seraient susceptibles ; la science même a démontré que, à mesure qu'ils avancent tous les deux dans la vie, l'homme, surtout quand il mène l'existence à grandes guides, s'affaiblit ; il affaiblit prématurément les facultés dont il se montre si fier, tandis que la femme grandit, elle grandit et devient homme, homme par la pensée, tout en restant femme par le cœur.

Femme par le cœur, c'est bien ici dans son caractère et dans ses sentiments que la femme se montre supérieure, en profondeur de sentiment, en puissance de dévouement !

La femme se jettera à l'eau, elle descendra dans les abîmes pour sauver un homme, et l'homme se mouillera-t-il seulement le bout des pieds pour sauver une femme, c'est une question ?

Ainsi la femme est supérieure pour le bien quand elle s'y met. supérieure par son dévouement, sa charité dépouillée d'égoïsme, mais aussi, quand elle devient mauvaise, elle peut être supérieure pour le mal, volontiers elle touche aux extrèmes. et suivant les circonstances elle est « ange ou démon ».

— La femme. de quoi se plaint-elle donc ? L'homme ne réclame d'elle qu'une seule chose, « c'est de lui plaire », à cela se borne tout ce que l'homme exige de la femme !

— Tout dépend de la manière dont la femme doit plaire, est-ce par son instruction, par ses vertus morales, par sa résistance au mal qu'elle doit plaire ?

— Non, tout cela est du superflu à nos yeux, nous voulons que la femme nous plaise par la recherche de sa toilette, elle doit se farder, se mirer, se rendre belle. et surtout elle doit nous plaire par une souplesse, une facilité de caractère qui lui fasse accepter tous nos caprices, toutes nos extravagances, qui l'assujettisse à la recherche de nos plaisirs, même les plus corrompus, et une femme, qui n'est pas telle que nous la voulons, n'est plus à nos yeux qu'un être quelconque digne de toute notre indifférence !

— Voilà qui parle net, en effet, dans toute la littérature du jour, vous voyez ceci : « la femme doit plaire » ! Tout se charge de lui indiquer de quelle manière elle plaira encore, et encore davantage.

De quelle manière la femme doit plaire, toute cette littérature s'attache à l'expliquer, à le détailler, à l'analyser !... Livres dont les titres, à eux seuls, indiquent ce qu'est le contenu de l'ouvrage, et à la vue desquels la nature humaine, dégoûtée, se révolte !

— Ainsi nous plaçons la femme sur un piédestal glorieux ?

— Oui, sur un piédestal de gloire mondaine qui abaisse la femme bien plus qu'il ne l'élève... journal de modes ambulant qui plaît à l'homme !

— Ne vous moquez pas ! Nous sommes obligés, nous autres hommes, de posséder tout un contingent de femmes qui ne nous rebute pas, qui soit en quelque sorte notre propriété et duquel nous puissions faire tout ce que nous voulons !

Sans cela, la société tout entière s'en ressentirait en mal, c'est en un mot une garantie pour le reste de la société !

— Alors qu'êtes-vous, êtes-vous des hommes ?

Mais l'homme doit être quelqu'un qui sache se gouverner lui-même ? Ou bien n'est-il autre chose qu'une machine, une puissance aveugle, qui marche aveuglément. Et c'est pour cela donc que la femme doit toujours se soumettre, et que vous créez l'existence d'une nouvelle morale ?

Jusqu'ici, nous avons cru qu'il existait une « seule morale » applicable à tout le genre humain, eh bien non, c'est une erreur, il y a maintenant « deux morales », une morale pour l'homme par laquelle il fait librement tout ce qui lui passe par la tête, et l'autre morale, qui concerne la femme, par laquelle elle doit obéir et marcher conformément à la volonté du maître, et cela sous quelque forme que cette volonté trouve bon de se manifester, mais le féminisme répudie la « loi des deux morales »; il la condamne et il affirme que l'homme et la femme seront soumis à une même loi morale, découlant de l'égalité qui existe entre eux, en présence et de par une « loi supérieure, celle de la justice » !

— Ici, c'est un « mal nécessaire » !

— Absolument pas, que l'homme apprenne à réprimer ses passions, alors ce que vous appelez mal nécessaire n'existera plus, et ce qui découle du fait des deux morales disparaitra.

— L'homme tient à ces choses !

— Alors, c'est donc l'homme qui met tout en œuvre pour faire chuter la femme, selon son bon plaisir, et si seulement il acceptait franchement la responsabilité de ses actes, mais non, quand il est parvenu à faire tomber la femme, il s'écrie :

— Ah, ce n'est pas ma faute !... la femm est celle qui m'a donné du fruit défendu, et j'en ai mangé, c'est tout naturel !

Il est donc dans l'intérêt de l'homme, afin qu'il puisse se disculper, de présenter la femme comme

l'être le plus immoral, le plus corrompu, le plus dé-
nué de sens moral, qu'il soit possible d'imaginer;
c'est donc toujours la femme qui trahit, qui abandonne, qui commet des infidélités, qui est parjure à
ses promesses, tandis que l'homme est toujours in-
demne, il est l'innocent, le naïf trompé, et il jette la
pierre à la femme en criant :

— Voilà, voilà la femme! voyez ce qu'elle est!...

— Oui, monsieur, c'est vous qui la faites ainsi, et,
de plus, c'est bien ainsi que vous la voulez! Pour
vous, elle trompe son mari, son père, son frère, et
que sais-je, et pour un autre, elle vous trompera,
c'est naturel, il faut vous y attendre! eh bien, c'est
votre faute, monsieur, vous entendez, c'est conforme
à la nature même des choses et la loi dans votre
monde est « œil pour œil et dent pour dent ».

Ainsi l'homme se croit permis d'exercer sa domination sur la femme de diverses manières, mais
c'est bien ici le comble de son omnipotence : c'est lui
qui crée, à son profit, tout le milieu de la « femme
corrompue et corruptrice » !...

II

Il en est de la société comme des causes criminel-
les qui ont du retentissement et en présence desquelles l'opinion publique s'écrie : « Cherchez la
femme », car une mauvaise femme était derrière,
bien sûr, elle poussait à la roue, elle armait le bras
meurtrier, elle encourageait de ses efforts !

Ainsi, quant aux causes, aux sources, aux raisons
d'être du désarroi actuel de toutes les idées et surtout des notions morales et religieuses, « cherchez
les femmes », c'est-à-dire étudiez toute cette population, nécessitée par l'homme et créée par lui !

Fouillez leur vie, leur influence, et ce qui paraît
obscur dans les questions du jour deviendra lumineux ; observez quelles passions envahissent toute
l'existence, occupent tous les moments, sont le but
de toute l'oisiveté et de la futilité de ces êtres qui se
donnent l'apparence de n'avoir ni âme, ni conscience,
si toutefois la conscience est un bien qui puisse être

aliéné, contingent formant comme une population à part et qui donne le ton !

C'est un Paris fange, un Paris odieux qui se déroule aux regards du féminisme, et quand il exprime son étonnement, les personnes les plus respectables vous répondent avec le plus grand calme et le plus admirable sang-froid :

— Ça se tolère, que voulez-vous ; et même comment aborder de pareilles études, c'est inconvenant, puisque de ces femmes-là on se garde bien d'en pàrler, on les passe sous silence, on les ignore ! C'est ici « la moisissure de Paris », n'y touchez pas, vous vous saliriez !

— N'est-il pas mal de paraître ignorer, de passer sous silence des faits certains et positifs, grandement influents, de fermer les yeux volontairement sur des choses de la plus grande actualité et d'une importance majeure ?

Le féminisme n'entend pas les choses ainsi, et toutes les situations qui concernent la femme font l'objet de ses investigations ; il demande à tout voir, tout entendre, tout connaître de ce qui se rapporte à la femme.

Le féminisme est « une lumière », qui doit éclairer les recoins les plus obscurs de la situation de la femme, et ici, la femme est, sans contredit, toute la marchandise dont se pétrit le bourbier de la grande ville de Paris. Il est d'ailleurs nécessaire de définir clairement le mal auquel l'on veut porter remède.

— Alors, vous avez bien du courage !

— Le féminisme doit avoir du courage, et il en aura !

— Comment donc voulez vous connaître tout ce milieu de la femme corrompue et corruptrice, puisque-le connaître, s'en occuper, c'est lui appartenir ?

— Eh bien. si vous voulez, suivons les pas de cette dame de charité qui cherche à faire pénétrer quelque lumière spirituelle au sein des ténèbres épaisses du monde corrompu, associez-vous à cet élan de dévouement en faveur de ce monde impénétrable à toute influence bienfaisante, et vous entrerez dans le domicile abandonné du jour même de l'une de ces reines de mondanité qui, du sommet le plus élevé, tombe et déchoit subitement. C'est dans une de ces rues aristocratiques où le bruit du petit commerce n'arrive pas, voyez cette grande porte cochère, cette cour où la voiture attend, ces laquais en grande tenue qui vous montrent le grand escalier d'honneur !...

Mais tout cela nous mènerait trop loin, contentons-nous de dire que ce monde-là s'étale partout avec trop de complaisance pour qu'il soit possible de ne pas être au fait. même de loin ; en général, il tient à se faire voir. à se faire remarquer, le plus possible est mieux.

Il se révèle encore par les publications qui sont à son service, son organe attitré ; par toute la presse quotidienne qui alimente ses colonnes de ce piment agréable au lecteur. et qui fait lire le journal.

Ou bien, observez ces femmes, ne fût-ce qu'à la

rue, où tout les trahit, leur toilette, leur démarche, leur regard et le luxe qu'elles affectent.

— Le luxe, c'est une bonne chose, ça fait marcher le commerce, et puis, il ne coûte pas cher, tout le monde aujourd'hui se procure le luxe à bon compte.

— Le féminisme condamne le luxe, c'est-à-dire tout ce qui est destiné à jeter de la poudre aux yeux, à éblouir le regard, et le luxe à bon marché est encore le plus mauvais de tous, parce que c'est le travail, les privations de tous genres, c'est la sueur, les veilles de la pauvre ouvrière, transformées en mille riens qui se vendent pour rien, ne lui rapportent rien, et le luxe a toujours été, dans l'histoire, une preuve de la décrépitude des nations et de leur ruine prochaine.

Mais cela vous touche peu, voyez cependant, en observant l'exposition des bazars de toilette, à quel point en arrive le luxe des coiffures, de la parfumerie et de tous les articles qui servent aux artifices de la toilette féminine et la recherche de l'extravagance, car de la mode, ces femmes en sont les juges et les arbitres ; c'est dans leur officine que se prépare le fard brillant sur la joue, le rouge éclatant sur la lèvre, ainsi que les frisettes de cheveux tombant jusque sur les yeux, afin de donner au regard féminin plus de vivacité provocante, lui enlevant tout ce qu'il pourrait avoir de modeste, de pur, et cacher le front, organe de la pensée.

C'est encore tout le luxe des appartements, des fleurs les plus fraîches au parfum capiteux, des statues élégantes en même temps qu'indécentes, et tout un fouillis des objets du plus haut prix, les glaces, les divans capitonnés, car ici, l'argent coule à flots, et de toutes ces richesses la moindre obole serait une fortune pour la pauvre mère assise au bord du chemin, qui mendie pour elle et ses enfants.

Mais, en frôlant ces tapis moelleux, cherchez la « tache de sang », car le sang a coulé là, le sang répandu de ceux qui se laissent enlacer pour leur perte, et qui vont comme le bœuf à la boucherie.

Aussi voyez les fortunes détruites, les propriétés englouties, les épouses ruinées, les patrimoines anéantis par des femmes qui, dans l'éblouissement de leur folie, se posent en reines, et qui, égarées au fond des abîmes du vice, se croient des personnes éminemment utiles à la société, puisque, inscrites au rôle de la police, elles exercent leur métier infâme sous cet œil tutélaire et sous cette protection spéciale, constituant une « école de vice en permanence », reconnue d'utilité publique !

Et voilà dans quelle atmosphère morale l'on vit à Paris !

Cette population féminine, armée de cinquante mille personnes à Paris seulement, et dont le nombre augmente chaque jour par suite des influences du monde corrompu, cette population dévergondée encombre les trottoirs à ses heures en riant à voix haute, se moquant du passant quand il poursuit tranquillement son chemin, et ces femmes, on les frôle sans le vouloir, sans s'en rendre compte toujours, tant Paris est une ville bien peignée, bien fardée, où le mal cherche et trouve encore moyen de revêtir l'apparence du bien; en effet, n'a-t-on pas dit que, envers et contre tout :

« L'hypocrisie est un hommage rendu par le vice à la vertu! »

Le mieux, quand c'est possible, est de ne faire aucune attention à elles, ni à leurs allures d'une mauvaise indépendance, et cependant partout on les tolère, ces femmes, et dans le monde, que ce soit d'une manière tacite ou bien ouverte, tous les encouragements sont donnés à la femme immorale, elle réussit souvent là où la femme honnête échoue.

Vous êtes dans une rue populeuse, voyez ces fenêtres à balcon orné de fleurs grimpantes et de verdure entrelacée, au milieu desquelles un pauvre petit oiseau prisonnier gazouille dans sa cage, c'est de là qu'elle guette le client qui va passer, comme l'araignée fait tomber la mouche dans ses filets.

Elles ont le regard faux, ces femmes, cachant dans l'ombre et dissimulant le plus possible leur vice et leur honte, et quand elles ont épuisé toutes les passions dont leurs pauvres corps sont capables, elles cherchent à réveiller chez autrui les voluptés endormies au plus profond de l'être physique.

Démolir la famille, voilà leur ambition après qu'anéantir d'avance l'enfant dans leur propre sein a été le comble de leur perfectionnement, car l'instinct maternel, qui est une des gloires de la vraie femme, elles le tuent au plus profond de leur être, craignant par-dessus tout d'être assujetties au grand devoir de la maternité.

Ainsi elles abattent tout sentiment honnête, toute croyance, toute conscience, elles-mêmes sont table rase quant au développement moral.

Il n'est donc pas nécessaire de faire un grand effort de pensée pour se rendre compte des influences malsaines que répand tout autour ce contingent de femmes!... influence ruineuse autant pour l'âme que pour le corps, et autant pour le corps que pour l'âme, puisque ces deux éléments vitaux sont étroitement unis l'un à l'autre, et qu'il y a de l'un sur l'autre une action et une réaction constante.

Combien de jeunes gens sont rendus incapables de poursuivre leur vocation, combien sont malades et sont morts avant l'heure pour avoir touché, ne fût-ce que du bout du doigt, ce monde corrompu et corrupteur à tous les points de vue, physique et moral !

Tandis que l'idéal, c'est une âme saine dans un corps sain !

Sous l'empire de cette influence féminine, à quelle hauteur morale voulez-vous qu'il en arrive, l'homme, si ce n'est d'être toujours davantage plein de lui-même, adorateur de sa propre personne et fat, fat, se faisant même ravaler au rang de bébé : dans ce monde-là, c'est couramment :

— Bébé par ci, bébé par là ! Car plus l'on tombe de haut et plus l'on tombe bas !

— Alors, comment peuvent-elles plaire encore, ces femmes ?

— **Elles exercent leur** empire délétère au moyen de la fausseté, de la ruse et de tous les vices imaginables, surtout du luxe effréné qui entre pour beaucoup dans la domination que ces femmes exercent sur l'homme immoral.

Elles mettent au service du mal toute la finesse, toute l'énergie, toute la volonté dont l'esprit féminin est susceptible et deviennent de « vrais serpents fascinateurs ».

A cela, joignez les charmes naturels de la femme, qui sont si puissants, et l'on s'explique quels ravages elles exercent, ayant toutes les armes en mains.

D'autant plus que, autour d'elles, la vie se fait légère et frivole dans sa grande étendue : c'est la « vie pour rire », ou plutôt la vie qui tâche de rire ; elle n'y réussit pas toujours, et par degrés l'existence va s'abîmant dans les dégoûts, dans les larmes, dans les remords, dans les catastrophes de tous genres.

C'est donc ici la vie qui ne prend rien au sérieux, pour laquelle les grands devoirs n'existent pas, tant la vie pour rire entraîne tout sur son passage.

C'est un torrent dévastateur, car vient ensuite le « mariage pour rire » ; il est foulé aux pieds, le mariage honnête, méconnu dans ses droits, dans ses devoirs, dans sa noblesse, dans ses fins et dans ses origines !

Après cela vient tout naturellement la « religion pour rire » et puis la « mort pour rire ». Pour un rien, pour un oui, pour un non, l'on meurt, avec la même

indifférence que l'on dirait : « Je vais au Bois de Bou-
logne », sans songer un instant qu'après la mort
suit le Jugement, tant il est vrai que, dans ce milieu,
la vie n'a en quelque sorte aucune valeur, et que
l'on ne meurt plus guère de mort naturelle ; non,
l'on tue et l'on vous tue et l'on vous assassine sans
hésitation, sous ce prétexte bien trouvé :

— Ah ! c'est la folie !...

Et encore, l'union accidentelle, momentanée, étant
rendue à l'homme trop facile, dote le monde de
toute une population abâtardie, enfants voués à
l'abandon, au négligé, au dédain de la société par
leur incapacité, leur manque d'éducation première,
et les voilà, ces infortunés, jetés dans le monde au
hasard, sans mère qui les élève sagement, sans père
qui les réclame et qui prenne soin d'eux, race de
gens détraqués à l'avance, enclins à la folie que la
moindre occasion favorable s'en va déterminer ; ils
ont la préoccupation du suicide afin de se soustraire
à une vie misérable ; ils sont hantés par le désir de
tuer, d'assassiner, ayant besoin de plonger leurs
mains dans le sang jusqu'au coude, pour se venger
d'une société qu'ils haïssent et qui les hait.

De toutes manières donc, l'œuvre de la femme
corrompue est cruelle, inhumaine, car c'est non
seulement le mépris de l'enfant, c'est aussi le mépris
de la jeune fille, le mépris de la sœur, le mépris de
l'épouse, le mépris de la mère !

Et la jeune fille, en arriverait-elle jamais là de son
plein gré ? Mais la situation miroite à ses yeux de

loin, et la toilette, le luxe, la débauche sont les échelons par lesquels elle est entraînée à descendre rapidement bas, plus bas encore.

Dès lors, il lui faut, à la jeune fille qui se croit
tant soit peu jolie et destinée à plaire à l'homme, il
lui faut à tout prix du fard pour ses joues, du rouge
pour ses lèvres et du noir pour le tour de ses yeux,
afin de leur donner l'éclat du jais.

Il faut aussi avoir du brillant dans ses cheveux,
non pas du brillant ordinaire, mais de ce diamant
qui reflète aux lumières les nuances éclatantes de
l'arc-en-ciel ; il faut avoir des vêtements à la mode
du jour, afin que de jolie elle devienne belle et
qu'elle plaise.

Comment se procurer tant de choses ?

Et quand elle les aura, deux yeux étincelants de
convoitise se fixeront sur elle !

La voilà perdue !

Telle est l'œuvre des femmes, fruit amer, mal-
sain, corrompu et corrupteur d'un arbre vigoureux,
la femme, qui était destinée à ne porter que de bons
fruits ; ici le fruit est empoisonné.

Elles sont au point de vue moral et religieux sans
délicatesse, sans fidélité, pleines d'ambitions mal
sonnantes, pas une idée sérieuse, n'ayant rien de
l'être moral, ni pitié, ni bonté, faisant de leur toilette la grande préoccupation comme étant un moyen
de domination, d'orgueil, de volonté accomplie et ne
faisant appel qu'aux passions basses, ce qui est le
signe distinctif de la femme avilie.

A quoi donc aboutit l'œuvre des femmes, si ce n'est au « néant », et cela sous tous les rapports et d'une manière générale au mépris de la femme, de la femme honnête surtout ; c'est pour elle un opprobre, une confusion, un soupçon qui plane sur elle constamment, un voile, un doute, une obscénité quelconque à laquelle elle ne sait comment se soustraire, ni comment s'en débarrasser ; c'est l'insulte à la femme, l'outrage qui rejaillit sur toute femme, la boue lancée au front le plus honnête, par suite de l'avilissement « des femmes », d'où il résulte que la famille aussi se dégrade, et à son tour la nation entière se dégrade, tout tombe, tout déchoit, tout s'abîme et marche à la ruine grand train.

Ainsi, le « mépris de la femme », on le devine, on le touche, on le sent péniblement en toute circonstance, il est dans l'air, on le respire, on le hume, l'on en est écœuré, asphyxié.

Le mépris de la femme devient insupportable ; contre nature, c'est une maladie morale, une peste publique à laquelle, semble-t-il, n'existe pas de remède.

Le mépris de la femme prend enfin l'autorité d'une croyance, c'est une religion, et quiconque ne professe pas le mépris de la femme serait mal vu dans la société mondaine.

Tellement que vous ne pouvez être assis à une table avec quelques messieurs sans l'entendre proclamer sous une forme ou sous une autre, c'est la monnaie courante qui circule dans leurs conversations familières, qui entretient leur gaieté et fait éclater les rires les plus désordonnés; ou bien on le chuchote, ce dénigrement, à propos de quelque histoire dans laquelle la femme joue toujours le mauvais rôle, et ce mépris de la femme, on l'affecte, on l'affiche, il est bien porté dans le monde masculin.

Fréquemment aussi les entretiens roulent sur ce que l'on peut appeler « l'éternel féminin ». ce qu'il est, ce qu'il n'est pas, et généralement la conclusion la plus simple, la plus à portée et qui paraît la plus logique, c'est que la femme est un être « inférieur ».

Le mépris de la femme, ce sentiment de dégradation, alimente aussi la plus grande partie des publications littéraires: il fait les frais des feuilletons, des illustrations suspendues aux kiosques ou criées dans la rue. qui de là s'en vont parcourir le monde entier jusqu'à ses dernières extrémités; le mépris de la femme est enfin le thème obligé des publications les plus ébouriffantes, dans lesquelles l'on absout, l'on autorise et l'on enveloppe toutes ces turpitudes d'un voile de gaz lumineux et brillant qui vous éblouit et vous enlève le sens de l'ouïe et de la vue.

Combien de fortunes colossales échafaudées sur le mépris de la femme qui alimente une grande partie du journalisme, et les romanciers à la mode entassent les mille et mille francs sur le trafic, sur l'exploitation de cette mine abondante: « le mépris de la femme! »

———————

III

La femme immorale devient l'agent actif, infati·
gable de « l'union libre », laquelle aboutit non
seulement au mépris de la femme, mais à sa dégra·
dation toujours plus grande, invétérée, irrémédia·
ble, qui du même coup travaille aussi à la dégra·
dation physique et morale de l'homme, ainsi que de
tout son entourage.

La femme immorale est donc « l'apôtre de l'a·
mour libre », c'est son triomphe ! En principe, l'a·
mour, cette éternelle chanson de tous les temps, de
tous les peuples et de tous les individus, peut-il,
doit-il être libre, et n'est-ce pas ici une mauvaise
application du mot de liberté ?

— En effet, l'amour, ce mal inhérent à la pauvre
humanité, doit subir une « maîtrise », et il faut par
dessus tout se défier, avoir peur de ce que l'on re·
présente sous les traits d'une petite divinité char·
mante, adorable si l'on veut, mais folâtre s'il en fut,

traîtresse par dessus tout, et qui lance à droite et à gauche ses flèches empoisonnées, blessant des cœurs, froissant des consciences, faisant tout autour d'elle des ravages considérables et produisant des chagrins souvent irréparables.

Cette puissance à laquelle tôt ou tard chacun se croit obligé de payer son tribut, excite par moment les extrèmes de la joie, et plus généralement encore la douleur la plus intense qui va jusqu'à la folie.

Ce petit ange évaporé, ah oui ! si l'amour c'était ça, mais l'amour vrai est quelque chose de bien plus sérieux, plus grave, plus profond, plus solennel ; il ne faut pas s'y méprendre, celui-ci dure toute la vie.

Pour excuser cette petite divinité malfaisante, quoiqu'elle se présente toujours sous les traits du bonheur enfantin, inconscient, disons qu'elle est aveugle, oui, l'amour est aveugle, c'est pour cela qu'il demande à être conduit, dirigé dans les droits sentiers et que l'amour ne peut pas, ne doit pas être libre, sans cela il ne s'ensuit pour l'infortuné qui en est la victime. que tristesse, déception, découragement et désespérance de toute chose !

Cependant, oui, l'amour est libre dans ce sens qu'il est libre de faire son choix !

Mais quand l'amour a fait son choix, il n'est plus libre de changer... il a choisi, il est lié, il est enchaîné.

Alors ici ce n'est plus l'amour libre, c'est l'amour captif.

C'est l'amour, régularisé dans ses ébats, et pour cette raison, faire son choix est une affaire de majeure importance, pour laquelle avant tout il faut se rendre compte de ce qu'est « l'amour vrai », cet amour capable de rester ferme dans les bons et dans les mauvais jours, au temps de l'adversité comme au temps du bonheur, tout le temps de la vie comme au moment de la mort.

L'amour vrai étant l'union de deux existences qui sont destinées à « se compléter », en s'aidant dans les diverses « batailles de la vie », son choix doit se faire dans un milieu plus ou moins identique, il doit se prémunir contre les apparences, les perfidies de l'amour et ses parodies nombreuses.

Il doit s'attacher dans ce choix aux goûts, aux idées, aux opinions, aux aspirations plus ou moins semblables, à la sympathie, en un mot aux choses qui ne changent pas, qui ne sont pas exposées à la mutation de tout ici-bas, ne se laissant pas prendre à la beauté extérieure, comme les mouches se laissent prendre au miel, parce que la beauté passe, que la grâce s'évanouit, ensuite que reste-t-il ?

Il vaut mieux chercher les vrais biens, et grandir au lieu de diminuer, se compléter au lieu de s'appauvrir.

Et cependant, l'amour ne doit pas faire trop le difficile, sans cela il risque de ne pas se décider du tout et de rester toute sa vie flottant de ci, de là, ce qui est un malheur !

Cette puissance, l'amour, la voilà donc emprisonnée, ce qui est un « bienfait », car cette captivité de l'amour répond à l'une des plus profondes aspirations de l'humanité qui demande de ces amours éternelles, plus durables que la vie, et l'humanité a soif de ces affections-là, qui sont à l'abri de toutes les tempêtes, qui peuvent résister à tous les éléments destructeurs.

L'amour est enchaîné, combien de souffrances épargnées !

Aussi ce fait, d'une importance majeure, demande-t-il à recevoir une sanction, la sanction de l'autorité, autorité civile, autorité religieuse !

L'autorité, c'est ici une autre nécessité que réclame l'humanité, tant il est vrai que l'homme le plus fort, le plus hardi subira l'autorité d'un enfant, plutôt que de se passer d'autorité, et si l'homme ne se trouve pas directement placé sous une autorité salutaire, il subira en plein la seule autorité de ses passions.

Ainsi une autorité bienfaisante, c'est donc le guide, c'est la boussole qui nous dirige au milieu de l'obscurité de la route à suivre, du sentier difficile et incertain, de sorte qu'une même loi d'autorité régisse l'homme aussi bien que la femme, car, sans elle, sans cette autorité, c'est l'union dégagée, indépendante de toute obligation, de tout devoir à remplir entre ceux qui la contractent, et c'est le grand chemin qui mène tout droit la femme à la plus horrible des situations, et c'est elle surtout qui en porte la peine et qui en subit toutes les conséquences malheureuses.

! Sans doute, il peut arriver qu'une certaine fidélité momentanée règne entre ceux qui s'unissent avec cette désinvolture et cette indépendance de tout joug, mais le temps vient inévitablement, à tel ou tel moment donné, où l'union doit se rompre parce qu'elle ne tient à rien, et que rien ne la tient.

De sorte que, si l'homme devrait avoir mille raisons de haïr l'union libre, la femme en aurait bien davantage encore, si toutes ces raisons ils voulaient chacun d'eux les prendre en sérieuse considération ; et pour la femme, cette rupture la livre à tous les hasards, ça l'entraîne presque forcément dans une vie d'aventures, après que pour tous les deux c'était le déchaînement de toutes les convoitises qui grouillent au fond de la bête humaine et qui la perdent.

Et bien heureux, l'homme, quand il peut s'en tirer sans être l'objet d'une vengeance parfois atroce ; en voilà un qui tombe sous le coup de revolver à la nuque le 11 mai 1895, en voilà un autre, dans la même journée, qui succombe à une vengeance féminine quelconque.

Scènes atroces, et que l'on peut vérifier dans tous les journaux du moment !

Voilà pour l'homme, mais pour la femme, elle se trouve lancée, presque fatalement, dans le plus horrible de tous les métiers, ou plutôt dans ce qui n'est pas un métier, car métier dit travail honorable, tandis que, ici, c'est pour elle le dévergondage, lequel ne peut se poursuivre que par l'usage et l'abus des boissons fortes et alcooliques qui tuent la raison.

C'est pour elle ici que commence l'estampille officielle dont la femme est munie de par l'autorité elle-même ; on lui dit :

— Tu es tombée, c'est bon, tu as chuté, cela nous convient, maintenant, tu tomberas de chute en chute, tu pécheras encore et toujours, jamais tu ne te relèveras, te voilà rivée au vice, tu entends !

Et c'est là une des manières dont la police des mœurs recrute le personnel qui lui est nécessaire.

— Comment, la police, vous oseriez parler mal de la police, c'est incroyable ; la police qui veille à la bonne tenue de la société, et pour laquelle nous avons été élevés à avoir la plus grande vénération, que pouvez-vous lui reprocher ?

— Eh bien voici : il se trouve que, au lieu de rester dans les attributions qui lui sont confiées, l'on a imaginé d'ingérer la police dans les circonstances particulières de chaque individu et d'instituer des maisons spéciales dans lesquelles il peut à son aise se livrer à tous les crimes dont l'immoralité est la source, cela avec impunité, lui facilitant ainsi le vice et la corruption.

S'il vous faut des exemples de ce qui se passe dans ce domaine-là, l'on peut vous en donner, il n'y a qu'à choisir entre mille, puisque le cas se présente constamment.

L'on s'y prend de toute sorte de manières, plus frauduleuses les unes que les autres.

A l'arrivée d'un train, l'on aperçoit une jeune fille qui ne connaît pas la langue du pays et qui est toute perdue aux abords de la grande ville ; elle cherche un emploi... la police va lui en procurer un, c'est son affaire, ça la regarde, et l'on s'en occupe avec empressement, employant des moyens détournés. Après diverses formalités qui ne sont destinées qu'à jeter de la poudre aux yeux de l'innocente, on lui fait croire que l'on s'occupe d'elle avec intérêt et on la conduit au bureau où elle doit signer les clauses de son engagement, donner son nom, son âge et tout cela, soi disant, pour une excellente place.

Elle ne comprend pas ce qu'on lui explique et les personnes qui l'accompagnent ne se donnent pas la peine non plus de comprendre ce qu'elle dit, d'ailleurs ce serait inutile, l'affaire est réglée... « la maison » a déjà payé mille francs pour profiter de cette bonne aubaine et il faut conclure au plus vite, avant que d'autres influences se soient produites autour de la pauvre victime.

Après quoi, elle est conduite dans sa nouvelle place dont elle ignore la nature, c'est-à-dire enfermée, verrouillée dans l'une de ces dites maisons, et quand elle ouvre les yeux, qu'elle discerne dans quelle situation elle se trouve, il n'est plus temps, le mal est accompli, elle peut se débattre, crier, n'importe, personne ne l'entend.

La quantité de ces maisons nous donne une idée de la multitude d'existences humaines englouties et rivées de cette manière à la pratique des vices monstrueux de la débauche patentée.

Et la femme en arrive dès lors à l'état de colis, de marchandise vérifiée bonne pour l'usage du consommateur, et elles seraient inénarrables les agonies qui constituent l'existence de ces misérables créatures, souvent même expédiées au loin, vendues en province ou à l'étranger, comme un meuble.

Il n'est même plus possible d'appeler femmes les êtres malheureux qui se tournent et se retournent sans cesse dans un cercle vicieux d'où elles ne peuvent sortir, et de quelque côté qu'elle regarde, la misérable créature se sent « bête de somme » bien plus que personne humaine, et dès lors plus d'espoir pour elle, condamnée à être sans foyer, sans famille et presque sans abri.

Ainsi, l'asservissement, l'avilissement de la femme se consomme jusqu'à ses dernières limites, non seulement privée de ses droits de personne humaine, mais placée tout à fait hors des convenances et hors des lois naturelles et saines.

C'est la femme vendue, se vendant elle-même, passant de main en main, d'alcôve en alcôve, sur laquelle l'État prélève ses deniers, comme sur le tabac ou telle autre denrée nécessaire à la société.

Alors, aux regards affolés de la femme, de la jeune fille, de l'enfant, les prisons effrayantes ouvrent leurs portes toutes grandes... Les prisons à titre différent !

Peut-être entrer au « cloître » qui se présente

comme un port, prison d'un nouveau genre, ou bien ce sera le « cachot », l'affreux cachot sous les verrous, on enfin « l'hôpital », mais avant tout « la maison », la maison au « grand numéro », ressource, alternative, dont la porte à deux battants est toujours grande ouverte quand l'on veut y entrer, mais fermée, séquestrée, barricadée quand on veut en sortir.

Ici, vaste « bazar de chair humaine », bastilles du vice, où la femme emprisonnée sert au vice « patenté par l'État ».

La malheureuse... des coups de « nerf de bœuf » lézarderont ses chairs quand elle ne voudra pas marcher convenablement dans la voie nouvelle et étrange qui lui a été tracée par « l'union libre ».

Toutes les brutalités seront mises en activité pour la soumettre à l'obéissance du vice, et elle en arrive à l'état de cadavre, pour la plus grande satisfaction de ceux qui « font les lois ».

Il est effrayant, positivement effrayant de voir le nombre de femmes qui sont englouties.

Voyez ces visages décharnés, ces cœurs navrés, ces âmes blessées à mort, toutes plus victimes que coupables, et dites si ce sont là les conditions normales de la femme.

Tel est le dernier fruit de l'union libre.

Bien au contraire de ce résultat douloureux, l amour, quand il est « l'amour captif », peut rester jeune et charmant, tandis que l'amour libre est promptement usé, dégoûté, affadi ; il devient vieux avant le temps et disparaît même tout à fait, ne laissant après lui que l'ennui de la vie dans lequel l'âme est vide, vide de Dieu surtout, dont elle a méconnu les bienfaits, et c'est la solitude de l'âme, cette solitude qui fait perdre la tête aux plus robustes.

« Amour », qui bien compris pourrait sauver les uns, tant il a de puissance et d'action pour le bien autant que pour le mal, emblème de l'amour divin, tout comme l'amour divin indique ce que doit être en réalité l'amour vrai.

Car l'amour qui n'est qu'un « instinct animal » est aussi loin de l'amour vrai que la bête est loin de l'esprit.

L'amour vrai ne peut ni s'acheter ni se vendre, il est au-dessus des négociations mercantiles..., mais l'on n'y croit pas à l'amour vrai, à l'amour captif, aussi pour ceux-là, ils n'aiment personne et personne ne les aime..., ils restent seuls avec toute la déconfiture de leurs illusions perdues, de leur espoir évanoui, que leur reste-t-il ?... Le néant !

L'amour vrai, l'amour captif est l'une des conditions du bonheur ici-bas, si tant il est vrai que le bonheur existe quelque part, qu'il puisse exister, car, comme on l'a dit avec justesse :

Le bonheur est un mot dont l'idée est à naître,
L'homme ici-bas l'espère, il ne peut le connaître.

Et que dire de ceux qui érigent « l'union libre » à la hauteur d'une « théorie sociale », si ce n'est qu'ils

ne comprennent rien à la vraie dignité de la femme,
tout en prétendant affirmer et défendre ses droits,
et que l'homme, privé du frein que le mariage honnète fait subir à ses passions, est sur la route qui
mène à la « bestialité » ! De plus cette théorie sociale
tout entière tend à méconnaitre les éléments mo-
raux et à fouler aux pieds cette humanité qui as-
pire à des affections éternelles, plus durables que la
vie elle-même !

IV

Il est évident, que, étant donné l'influence morale
absolument pernicieuse exercée par les femmes
sur l'homme du jour actuel, « se marier, pas se marier ». soit une grande question qui se pose pour la
femme surtout, puisqu'elle a toutes les chances probables d'être malheureuse en ménage, et que de
quelque côté qu'elle porte ses regards, elle se trouve
livrée à des difficultés sans nombre, presque sans
issue, c'est-à-dire à la lutte impuissante du faible
contre le fort.

C'est donc pour la femme une crise à passer, et
comment en sortir, si ce n'est en prenant une résolution suprême, puisque soit qu'une femme se marie
ou qu'elle ne se marie pas, elle doit faire appel à
toutes les énergies féminines, autant pour entrer
dans la vie du mariage et en subir toutes les conséquences, que pour porter seule les difficultés de
l'existence.

— Mais, le bonheur, n'est-ce pas dans le mariage qu'il se trouve et non ailleurs?

— Hélas! non. c'est plus haut et plus loin qu'il faut chercher le bonheur, si tant est que cette plante rare ou impossible à découvrir puisse exister.

Il faut en tout cas placer l'ancre de ses espérances au-dessus de la terre, là où « le vrai soleil éclaire d'autres cieux ». c'est-à-dire au delà des vicissitudes et des changements que la terre peut apporter.

Sans doute, à la femme mariée les joies de la famille, si elle sait les apprécier, mais celle-ci est enchaînée par ses devoirs et d'épouse et de mère, tandis que la femme non mariée a le monde entier pour domaine de son activité, elle possède en plein sa liberté! Noble fardeau, dont elle ne doit pas avoir honte.

Le mariage ne serait donc pas, ne doit pas être le « but unique » de la vie de la femme, elle ne peut, elle ne doit considérer le mariage comme « but de sa vie ». car il n'est autre chose qu'un « incident » de la vie actuelle, incident bien précaire. bien malheureux souvent, source de chagrins cuisants quelquefois et dans lequel l'on trouve bien rarement tout ce que l'on a pu rêver.

Et si même, par hasard, dans le mariage, l'on rencontre « le bonheur, un bonheur relatif », il faut bien penser que, dans ce monde, tout se paie, et que ce qui se paie le plus cher peut-être, c'est ce que l'on appelle « le bonheur terrestre ! »

— Donc. il vaudrait mieux ne pas se marier?

— Au contraire, si le mariage se présente dans des conditions normales, il faut l'accepter comme étant une loi de nature et le moyen de « fonder la famille », la famille qui est à la base de toute bonne société !

— En quoi consistent les conditions normales dont vous parlez, c'est sans doute quand il y a égalité de fortune ?

— Non, il n'est pas ici question d'affaires d'argent !

Ce qui s'appelle conditions normales, c'est lorsqu'il existe entre les personnes qui s'unissent pour porter ensemble le « fardeau de l'existence », des affinités de goûts, d'éducation, de milieu intellectuel, moral et religieux, toutes choses indispensables pour que les époux puissent s'entr'aider, se fortifier, se consoler mutuellement dans toutes les épreuves de la vie présente, sans cela le mariage n'est qu'une vaine association. qui n'a aucune raison d'être.

— Mais sans doute il faut aussi éprouver l'un pour l'autre l'une de ces « grandes passions » dont les romanciers parlent sans cesse ?

— Pas nécessaire. car les grandes passions amènent aussi les grand désenchantements, mais ce qu'il faut par dessus tout, c'est une véritable estime mutuelle.

Si l'estime mutuelle n'existe pas, il n'est guère possible que le mariage puisse être aussi heureux qu'on le désire, et il faut donc avant tout se donner le temps de faire une certaine étude de l'individualité de la personne à laquelle on pense être associé, cela afin de tenir tête aux obligations souvent très difficiles qui peuvent se présenter dans la vie du mariage.

Il faut pouvoir compter sur la sympathie, sur l'aide, sur le concours en toute affaire, en même temps que sur l'affection de son associé, et ne pas se décider au hasard, à la légère, si l'on veut marcher avec sécurité. Alors si la souffrance se présente à la porte, ce qui arrive toujours tôt ou tard sous une forme ou sous une autre, eh bien, on la reçoit en commun, et la souffrance qui produit chez un grand nombre de personnes une marche en arrière parce que l'on ne comprend pas son vrai but, pour ceux-ci, elle sera un appel à la marche en avant, et acceptée comme un messager de miséricorde.

C'est là le vrai bonheur, autant qu'on peut l'attendre, le souhaiter sur cette terre !... il est tranquille, calme, c'est une fleur délicate qui se cueille sur le « chemin du devoir ».

— Mais, vous parlez des époux comme s'ils étaient « égaux », cela est étonnant, car c'est pourtant toujours le mari qui commande et qui doit être obéi puisqu'il est le plus fort, il faut bien qu'il y ait un « maître » dans le ménage, qu'il y ait un maître pour commander, sans cela comment les choses iront-elles ?

— Nous ne pensons pas qu'il soit nécessaire à l'homme de commander ! Si l'estime, le respect mutuel est la principale chose entre gens qui doivent vivre ensemble, ce sentiment à lui seul, s'il est un gage d'affection réelle et profonde dans l'avenir, est aussi et surtout la « promesse » des « concessions mutuelles » qui doivent régner entre les époux et dont l'ensemble constitue « le pouvoir ».

Que la femme ne se laisse donc pas aller à des faiblesses de femme. mais qu'elle avance sans crainte, qu'elle soit forte, dans la persuasion que ce qu'elle doit à son mari. il le lui doit aussi, et qu'ils sont tous les deux. elle et lui, sous l'empire d'une même « loi morale » : que la femme ne l'oublie pas, et qu'elle ne se croie nullement infériorisée parce qu'elle est femme. au contraire !

Et si, dans la pratique, l'un des époux oublie son devoir, l'autre est là pour le lui rappeler.

Puis si la femme, effrayée des grands devoirs qui incombent à sa responsabilité, était tentée de s'écrier :

« Au milieu de tout cela, que deviendrai-je, et tous ces devoirs. comment pourrai-je les remplir, car je vois les choses sous un jour tout nouveau et le mariage m'apparaît sous un aspect tellement sérieux et si difficile. qu'il en est redoutable à mes yeux ! Je crains, ah ! que deviendrai-je ? »

— Ce que vous deviendrez, Madame? Vous deviendrez une « femme honnête », voilà tout, et le bon exemple donné est déjà quelque chose de grand et hautement utile !

— Allons ! vous me décidez donc au mariage, puisque l'époux qui se présente a su m'inspirer une confiance véritable, et que, de là, à un amour sincère, il n'y a donc qu'un pas?

Et la noce, que sera-t-elle?

— Elle sera des plus simples, comme il convient à des personnes qui se préoccupent davantage des choses réelles que des apparences extérieures, et le discours prononcé dans cette circonstance ne devra pas proclamer hautement la subordination de la femme à la supériorité du mari, mais il cherchera à établir l'équilibre normal entre les « droits et les devoirs » de chacun d'eux, en posant le principe des « concessions mutuelles », qui doit régner entre les époux.

Ensuite ils partiront ensemble « pour la vie »!...

Malheureusement, au jour actuel, il se contracte bon nombre de mariages d'arrangement entre familles, mariages de convenance sociale, d'ambitions réalisées, mariages d'affaires, mariages d'argent et de fortune surtout.

Par exemple, un homme fort jeune encore se trouve déjà ruiné par ses folies, et il faut pour ses aises, pour ses plaisirs nombreux, retrouver le capital perdu.

Comment faire?... c'est bien simple, il y a tant de fortunes dans le monde, chercher une héritière, jeune, jolie, et surtout qui ait les yeux bandés par l'amour.

Cette héritière prédestinée, on la découvre assez rapidement, et le monsieur se présente sous les dehors les plus avantageux : nom distingué, famille haut placée, antécédents irréprochables, moralité à toute épreuve, tout y est, sauf la vérité.

Il est accepté avec enthousiasme, les parents favorisent tout, et la simplette se jette dans ses bras avec confiance, c'est là son premier amour, combien elle est heureuse.

La noce a lieu, somptueuse, brillante, tout le monde paraît être au comble de la satisfaction, tous les vœux semblent réalisés, la religion y a sa part, elle proclame que la femme doit obéissance à son mari, elle doit le suivre n'importe où, car il est le chef de la communauté, il gère la fortune comme il l'entend.

Comme il l'entend !... c'est-à-dire que la dot que la femme apporte en l'épousant, la dot qui sert à payer l'honneur qui lui revient de perdre son nom et de perdre sa liberté, dans lequel n'entre que peu ou point d'affection véritable, aucune sympathie et dont l'issue n'est que trop souvent un naufrage plus ou moins retentissant.

Trop souvent donc, la vie évaporée tend et aboutit à détruire chez le jeune homme le sérieux et la notion même du mariage qui n'est désormais pour lui qu'un ennui désagréable, inutile, superflu, moyen unique, cependant, de s'approprier une dot qui est son point de mire, après quoi le devoir pour lui n'existe pas !

Ainsi, autant il est bon, il est utile, il est salutaire le mariage qui consiste en l'union intime et profonde de deux existences, puisqu'il est de « droit divin », autant il est mauvais le mariage qui n'est qu'une affaire quelconque et surtout une combinaison mercantile, car ici l'argent gâte tout, souille tout, et l'argent, quand il règne, est un élément de malheur, car il nous amène à sacrifier les choses grandes de l'existence; cette dot est déjà écornée par les dettes faites auparavant par monsieur, et le reste va promptement se volatiliser auprès des autres femmes entretenues par lui et qui lui ont servi de complices dans l'accomplissement de ses projets matrimoniaux.

Et la pauvre victime qui s'est immolée sur l'autel du sacrifice en robe immaculée, ornée de fleurs d'oranger, que fera-t-elle?

Elle comprendra peu à peu l'abandon auquel elle est vouée, la solitude, la tristesse, faisant un sombre apprentissage de ce qu'est pour elle la vie du mariage, à laquelle elle se voit enchaînée jusqu'à la fin, sans espoir!

Elle luttera quelque temps peut-être, elle aura des alternatives de courage et de désespérance, elle essaiera même de faire quelques observations, quelques reproches et monsieur lui répondra:

— Alors, il ne fallait pas m'épouser, vous m'avez épousé, donc, c'est votre faute!

Guettée par l'homme qui cherchera à la séduire, elle prendra enfin exemple sur son seigneur et maître, et se jettera, elle aussi, dans la mêlée du vice, de l'infidélité, elle tombera, elle descendra de plus en plus l'échelle rapide de l'oubli complet d'elle-même et de sa dignité!

Et voilà où l'aura conduite un mariage d'argent !

Oh, n'insultez jamais une femme qui tombe !
Qui sait sous quel fardeau sa pauvre âme succombe.

Car où sont les femmes qui savent rester « fermes », quand le tourbillon de la tempête les enveloppe de toutes parts?

Où sont celles qui savent discerner « le devoir », comme un phare immobile éclairant leur route obscure?

Elles sont rares, celles-là, et trop souvent la femme malheureuse, celle qui a vu tout l'édifice de son bonheur espéré s'effondrer et s'écrouler, se laisse engloutir elle aussi et d'une manière presque inconsciente.

Elle ne sait pas réagir, se débarrasser des importunités du malheur et se donner quand même...

— Se donner à quoi?

— Non pas se donner à quelqu'un ni à personne, mais se donner au devoir entrevu, ce devoir qui sera différent pour chaque femme et qui variera suivant les détails de sa situation particulière et de son individualité !...

Ou bien, l'on en est à la grande cérémonie qui unit pour toujours le jeune homme à la fiancée de son choix et les derniers échos de la musique sacrée viennent de s'éteindre sous les voûtes sonores de la grande cathédrale.

Le Suisse s'avance solennellement en frappant de

sa hallebarde la dalle qui résonne, et la foule émue s'approche, se groupe sur le passage des époux qui vont sortir du temple, l'homme grand, arrogant, droit, tout fier de sa conquête, et la femme frêle et mince, encore tremblante du « oui » solennel qu'elle vient de prononcer.

Sur le parcours du cortège, le long des grands escaliers d'honneur, des tapis mœlleux sont étendus pour soutenir les pieds délicats de l'épouse et des dames qui l'accompagnent.

Toute la noce est en grande tenue ! La belle robe de brocard blanc, les touffes de boutons d'oranger semés à profusion, le grand voile blanc qui enveloppe l'épousée, rien ne manque à la beauté, à l'élégance de cette cérémonie hors ligne.

Cependant, observez ces deux messieurs, derrière la haute colonne, et qui parlent à voix basse en désignant le couple.

Que disent-ils, ils ont l'air de comploter, et sans doute ce sont les amis de l'époux qui s'associent pour un instant à sa joie, et plus tard, ils iront chez lui en familiers, afin de surprendre l'instant providentiel pour eux, l'instant décisif où, pouvant recueillir les confidences de la femme déçue, peut-être trompée, peut-être abandonnée de son mari, ils s'empareront de sa confiance et s'en serviront à leur profit.

Tout le cortège a marché lentement, solennellement, et l'on arrive à la rue où, en attendant les voitures qui sont à quelque distance, chacun s'admire, se sourit, se félicite avec empressement, car tout est accompli, et tout s'est passé avec le plus parfait décorum, selon l'étiquette la plus irréprochable!

Cependant, peu à peu, un remue-ménage se produit dans la foule des curieux assemblés.

Qu'est-ce?

Une femme du peuple se précipite, s'approche tout près des époux et d'un regard haineux leur lance résolûment à la face quelque chose qui les salit, les éclabousse et les fait reculer d'un pas.

Cette femme porte un enfant dans ses bras, on la saisit, on l'emmène en lui demandant raison d'un acte aussi brutal.

En réponse, elle s'écrie de manière à être entendue de chacun:

— Celui-ci est le père de mon enfant, je voulais me venger!

Après le premier moment de stupéfaction d'un acte aussi brutal, la foule des curieux se disperse avec indifférence, en disant:

— On en voit tant de ces sortes de choses que l'on ne prend plus la peine de s'y arrêter!

Mais pour la belle épousée, au milieu des bouquets parfumés, des toilettes fraîches et charmantes qui l'entourent, on l'aurait cru arriver au plus beau jour de sa vie, cependant il paraît que non, car au moment où elle vient d'immoler sur l'autel du sacrifice tout ce qu'elle est et tout ce qu'elle a, qu'elle a enchaîné sa liberté et qu'elle vient de promettre!... voilà ce qu'elle obtient, ce qu'elle reçoit à cette heure en échange, voilà quel est son vrai cadeau de noce.

Quel antécédent pour se mettre en ménage et quel bonheur attendre, quelle confiance en l'homme, en sa fidélité, en son honneur même ?

Quelle source ouverte tout à coup où la femme puisera le chagrin de chaque jour, de chaque heure et dans quel « état d'âme » peut-elle se trouver? Car jusqu'à ce moment elle s'est crue heureuse, elle a savouré d'avance la félicité désirée et maintenant que sera-ce, que fera-t-elle?

Ici encore, se cramponner au devoir! ce devoir qui subsiste pour chaque être sur la terre, qu'il le veuille ou qu'il ne le veuille pas! Le devoir du renoncement à soi-même, le devoir du dévouement quand même, envers et contre tout, car la femme malheureuse verra toujours autour d'elle des femmes plus malheureuses encore qu'elle-même, tant les abîmes de la misère et de la souffrance sont insondables.

S'appliquer à consoler les âmes souffrantes la consolera elle-même, lui inspirera de salutaires résolutions et elle connaîtra par expérience la mort à soi-même, cette mort qui est le commencement de la vie, puisque à un point de vue tout spirituel :

> Mourir, c'est naître
> D'un nouvel être,
> C'est jour à jour se revêtir !....

Choses profondes que peut comprendre seul celui

ou celle qui a transpercé du regard de la foi les révélations divines.

Et pourquoi n'en arriverait-elle pas là, jusque-là, celle qui souffre ?

Quand on voit des milliers de saintes filles se vouer au service de Dieu derrière les hautes murailles du cloître, celle qui reste dans le monde, la femme qui lutte quand tout se conjure pour la pousser à la dérive, pourquoi elle, aussi bien qu'une autre, ne se dévouerait-elle pas corps et âme au service des infortunés, et pourquoi une telle femme ne trouverait-elle pas le bonheur, le seul bonheur possible ici-bas, le seul compatible avec sa qualité d'être créé pour Dieu ?

Pourquoi ne se donnerait-elle pas aux pauvres, aux malades, à tous ceux qui pleurent, si nombreux sur la terre, immense famille des souffreteux, dont elle deviendrait la sœur, la mère, la parente dévouée et cela sans autre récompense que de pouvoir sécher des larmes !

Ah, la vie de charité est belle, plus belle encore que la vie du mariage ! heureuse celle qui comprend cet appel d'En haut, cette voix qui lui crie: « Vis pour autrui » !

Certainement, à cela, toutes les amies de la femme malheureuse lui répètent à l'unisson:

— Il faut se distraire, commander des toilettes, s'amuser à tout prix, en résumé, vivre pour sa vanité à défaut de bonheur.

Si la malheureuse écoute ces insinuations, elle est

perdue, bien radicalement perdue, car elle ne discerne plus la route à suivre, le chemin de miséricorde qui la dirige vers la lumière, elle n'écoute plus la voix intérieure, cette voix de la conscience qui avertit de ce qu'il y a à faire pour le mieux.

Dès lors, la femme s'égare, elle va à travers champs, sans but, sans guide, sans boussole, et l'on peut se demander :

— Où ira-t-elle échouer ?...

V

En présence du spectacle douloureux à constater de la dépravation féminine, l'on peut se demander si la femme serait plus mauvaise, plus déchue encore que son compagnon de labeur et d'infortune, l'homme.

Mais non, la femme n'est pas, ne peut pas être plus mauvaise que l'homme, et sous le rapport de la culpabilité il y a bien malheureusement une parfaite égalité entre eux; seulement la femme se trouve placée plus directement peut-être, elle est plus accessible aux pressions nombreuses qui se disputent l'honneur de la tenir sous leur dépendance et leur autorité, et auxquelles elle ne sait, elle ne peut, elle ne veut se soustraire.

S'y soustraire, à ces pressions, la femme n'y songe pas, au contraire, elles font partie intégrale de son existence, en quelque sorte, et pour elle semble-t-il, tout est pour le mieux dans le meilleur des mondes possibles!

Ces pressions diverses, que l'on ne saurait énumérer toutes, se résument cependant par les mots de « théâtre, manifestations extérieures de la religion et code ».

Le théâtre est pour elle surtout une grande école de légèreté, de mondanité, de vice, la femme s'y complaît !

Le théâtre où, à part l'art, le grand art immortel, l'on ne cherche pour les artistes que « l'art de plaire » aux sens, ne sont-ce pas les postures, les intonations les plus provoquantes, les gestes les plus persuasifs, de quelle passion ?

De la passion du beau, du pur, du virginal ? Non, ce qui est mis en avant, c'est la passion charnelle, vrai but, avoué ou bien dissimulé, pourvu qu'il aboutisse.

C'est le vice bien costumé tout comme le vice de bas étage, il reflète la vie galante, de même que celle-ci puise là ses modèles, ses expressions, ses sourires, ses poses affectées, ses ruses, ses mensonges et toute sa rouerie.

C'est donc au théâtre qu'aboutit le sentiment vicieux des populations, c'est du théâtre aussi qu'il part, bien arrangé, bien embelli, s'échappant du théâtre tout prêt pour la conquête, charmant, vainqueur, afin de se répandre tout à nouveau dans le monde comme un torrent dévastateur, une saturnale à outrance, une adoration de la chair qui va s'abîmant dans « des vices sans nom ».

Le théâtre n'est enfin pour un grand nombre que

le vestibule du « boudoir », et les coulisses du théâtre sont les témoins de leurs premiers exploits et les
préliminaires presque indispensables de la vocation
de mondanité à laquelle on se destine.

Et plus fréquemment qu'on ne le pense, une existence brillamment inaugurée sur les planches, voit
ses tristes péripéties se dérouler dans les cachots
du dépôt, sur les bancs de la police correctionnelle,
sur ceux de la Cour d'assises, et des drames plus
poignants encore se passent dans le secret, quand
les déplorables victimes se donnent une mort volontaire, ce qui a lieu le plus souvent !

Que de choses douloureuses il aurait à raconter
le théâtre ; pour ceux qui conservent là quelque sentiment honnête, que de déceptions, que d'ennuis de
n'être jamais « soi », de rire quand l'on voudrait
pleurer, de pleurer quand l'on voudrait rire, et ne
ressaisir son individualité qu'au prix d'une lutte
avec soi-même.

C'est ici l'affaire de toute la vie sans doute, mais
au théâtre cette obligation prend des proportions
considérables !

Le théâtre est une puissance, qui pourrait être
moralisante à ses heures, car le prestige de la
mise en scène, des lumières, des costumes, surtout
celui de la voix humaine, de l'accent et du geste
interprétant le texte d'une pièce, donne une action
nouvelle aux personnages et aux idées qu'ils repré-
sentent.

Mais, que dire de ces pièces qui sont le plus sou-

vent d'une bêtise amère, n'ayant pas même le mérite
d'avoir de l'esprit, dans lesquelles la vie est prise
et reproduite par le côté le plus ridicule, le plus fu-
tile et généralement le plus abrutissant, le plus
immoral, pièces à la représentation desquelles l'on
est obligé de rire afin de ne pas pleurer, où l'on fait
manœuvrer les femmes surtout, qui ne vivent que
pour le seul mot : amour, amour vénal, s'entend,
fade et bête, le théâtre se rabaissant ainsi aux yeux
de quiconque est bien pensant, en prenant la femme,
l'on pourrait dire, par le plus petit côté de la question !

Le théâtre... l'Église, l'on peut, l'on doit malheureusement les assimiler l'un à l'autre, avec leur
somptuosité vide de sens ; ils ne sont qu'une nouvelle excitation au clinquant, à ce qui brille aux
yeux, et comme tout ce qui brille n'est pas or, loin
de là, ce n'est tout ensemble qu'un « trompe l'œil »,
et un nouveau piège tendu sous les pas de la femme,
un nouvel élément de superficialité et de mondanité.

L'Église, avec ses représentations extérieures,
est-elle autre chose qu'une « école d'hypocrisie » ;
car de toutes les comédies humaines, la plus grave,
la plus dangereuse est bien celle qui se joue en lieu
saint, sous les auspices de la religion ; ici, c'est le
théâtre encore, avec une hypocrisie en plus, car ces
images taillées, ces reproductions matérielles des
« vérités spirituelles », ce ne sont pas là les objets
qui doivent être proposés à l'adoration du croyant.

L'Église est un nouvel encouragement aux étala-

ges somptueux. sentiment qui ne dévore que trop
déjà les populations, et dont le spectacle enlève aux
yeux de la fille du peuple l'obstacle qui existait pour
elle à vendre son corps pour une toilette brillante ;
c'est pour elle une tentation, et toute cette exhibi-
tion, muraille replâtrée, ne sert qu'à masquer le désordre et la ruine qui sont au fond, de sorte que, ici,
la religion n'est plus « esprit et vie », elle n'est
qu'un manteau qui abrite toutes les infamies, toutes
les turpitudes, chose grave, parce que ce n'est pas
l'imagination seule qui est en jeu, c'est quelque
chose de plus important, c'est « la conscience » !....
Il en résulte que les rapports entre Dieu et l'âme
humaine sont interceptés par toutes ces entraves
fastidieuses qui inspirent le dégoût.

Ici, ce n'est plus l'élévation libre de l'âme au Dieu
qui l'a créée, la prière, respiration de l'âme, ce ne
sont que vaines récitations au mètre, à l'aune, à la
journée, dont l'âme est absente, cela sans égard à ce
que « Dieu est Esprit » et Il veut que ceux qui l'a-
dorent, l'adorent en esprit et en vérité.

Toutes ces erreurs nous plongent dans les com-
promis, nous jettent de la poudre aux yeux, nous
empêchent de discerner clairement les choses, dans
un monde où tout est conventionnel !

Il est donc convenu que le mal, la plaie rongeante
existe, mais il n'en faut pas parler, l'on doit l'i-
gnorer.

C'est autour d'elle la conspiration du silence, et
ce silence, gardez-le bien.... il faut apprendre ici à

tout voir, tout entendre et ne rien dire, en cela consiste la vertu pour un grand nombre de personnes!

C'est enfin par « le code » que la femme est définitivement vaincue, débridée, et que sa défaite est consommée, comment énumérer les souffrances de la femme en présence du code?

« Le code », école d'asservissement qui tue en la femme le sens moral, résume à lui seul toutes les oppressions, toutes les obsessions, toutes les souffrances dont la femme est victime.

C'est donc par lui que, en définitive, elle est toujours vaincue, sous son influence l'on ne sait plus où est le droit ni ce que c'est que la justice, de sorte que l'Écriture sainte se trouve vérifiée:

« L'oppression fait perdre le sens au sage! »

Le code, avec tous ses articles embrouillés, inextricables, dans lequel une seule chose apparait clairement « l'inégalité des sexes devant la loi », par lequel la femme est assujettie et cela dans n'importe quelle situation elle peut se trouver. Le code, école d'esclavage au joug masculin, assimile la femme aux « mineurs et aux aliénés », la croyant incapable de se gouverner seule, de gérer ses affaires et de faire face aux diverses situations de la vie.

Pour la femme mariée, le code institue le mari maître absolu de la communauté et de la gérance des biens, d'où il résulte que la femme n'est jouissante de rien, pas même de l'argent qu'elle a péniblement gagné par son travail.... Il peut mettre la main sur tout, l'épouse ne possède rien, aucune liberté, elle doit en passer par tous les caprices de son seigneur et maître qui peut, à son bon plaisir, entretenir d'autres ménages que le sien avec la dot que la femme apporte en se mariant.

Il peut, à ses loisirs, délaisser sa compagne, l'abandonner, la traiter d'après ses fantaisies diverses, sans que la malheureuse ait rien à réclamer et puisse même protester, puisque la loi humaine est « en faveur de l'homme, contre la femme ».

En toutes ces choses les détails navrants abonderaient si l'on voulait les énumérer.

De plus, les droits que la pauvre mère croirait posséder sur ses enfants, ils sont nuls ou à peu près.

Est-il naturel, normal et bon que la voix de la mère ne soit pas écoutée quand il s'agit de l'avenir de ses enfants, et que le mari n'ait aucun conseil à recevoir de sa part ?

C'est elle cependant qui arrange, qui prépare avec amour et sollicitude « le nid » dont le pauvre petit être, l'enfant, a besoin pour grandir et pour devenir enfin « un homme ».

Le travail de la femme, de la mère, c'est de former sa jeune intelligence, d'en surveiller la première éclosion, la première aurore qui est « le sourire de l'enfant ».

Qu'elle accomplisse ce travail mystérieux, sublime, de former un cœur honnête et bon, sans que rien ne vienne nuire à ce travail qui est l'apanage exclusif de la femme; et pourquoi donc « la loi » vient-elle abaisser la femme en présence de la maternité, et annuler d'avance la peine qu'elle voudra se donner d'avoir une influence morale sur ses enfants, d'avoir un mot à dire dans leur éducation, en vue de leur carrière future?.... Pourquoi sa voix n'est-elle pas écoutée et lui ferme-t-on la bouche?

Est-elle en discussion avec son mari, c'est elle encore « le bouc azazel », qui porte la peine de tout ce qui arrive : elle est responsable de tout, elle est punie pour tout, c'est toujours sa faute, à elle !

— La femme non mariée ou veuve n'est-elle donc pas un peu moins malheureuse ?

— Non, car elle en est réduite encore à ne vivre que sous la dépendance de l'homme, devant passer par son intermédiaire pour tout acte civil : elle ne peut aboutir à rien sans le concours, sans la protection, sans la sanction de l'homme, son maître.

Quoique n'ayant pas eu d'enfants, elle est bien « mère » aussi par ses sentiments de compassion, de charité !

Elle est mère par sa tendresse, par son dévouement à toutes les causes généreuses en faveur de l'infortune en général et de l'enfance en particulier, car c'est ici encore la femme qui forme l'homme, aussi bien pendant le temps qu'elle le porte en son sein, comme mère, que pendant toute sa vie, comme sœur, comme amie, comme épouse... perpétuellement l'homme reste sous cette influence salutaire ou malsaine.

Ainsi la femme célibataire jouirait, semble-t-il,

de quelques privilèges de plus, n'étant pas assujettie aux exigences d'un mari, mais ici l'opinion publique ou plutôt « le préjugé » la stigmatise, lui crée des difficultés, des obligations fictives, place sur ses pas des obstacles quelquefois insurmontables à l'action généreuse qu'elle voudrait déployer, au développement complet de ses études, à l'exercice de ses dons intellectuels, de sa liberté individuelle et de son indépendance.

Quelle femme ne l'a pas senti douloureusement, cet opprobre qui pèse sur elle dès qu'elle prétend sortir des rangs de la médiocrité : artiste, penseur, écrivain, n'importe, femme de charité, femme de grande piété... elle ne tarde pas à recevoir des soufflets qui tendent à la remettre forcément à sa place... d'infériorité.

Si quelques-unes cependant vont de l'avant envers et contre tout, à travers combien de difficultés vaincues, combien de barricades élevées contre elles par l'orgueil et l'égoïsme masculin.

Et quand l'on voit la femme honnête méconnue dans ses intentions, calomniée dans ses actes, l'on peut comprendre que la femme ne possède aucun secours en dehors d'elle-même, et que, en ce qui la concerne, l'arbitraire, l'injustice règne en plein, et si l'injustice est toujours un fait moral révoltant, lorsqu'elle s'exerce sur l'être faible et incapable de se défendre par la force, elle devient « lâcheté ». Si même encore ce n'était que lâcheté, mais une lâcheté qui tue l'avenir même d'une

grande nation, cette lâcheté devient « crime social »,
crime lèse-humanité, et de ces lois d'exception que
subit toute une portion de l'humanité, découlent
dans le monde en général mille préjugés absurdes
et malsains dont chacun se ressent, de sorte que la
femme.... qu'elle soit prise au foyer, en dehors du
foyer, qu'elle se présente sous la condition de femme
âgée, femme mariée, veuve ou célibataire, est sous
l'empire d'une domination masculine dont l'ensemble la maintient dans l'infériorité et pèse sur elle
lourdement : cette fausse situation a sa base, sa
raison d'être, son origine dans la présence et dans
l'application quotidienne du code.

Et ce code odieux, dégradant pour l'un et l'autre
sexe, qui l'a imaginé, qui lui a donné son nom, qui
l'a mis en vigueur, si ce n'est cet homme, ce despote
que l'on appelle le « grand Napoléon » ?

Comme il voulait tout dominer, tout asservir à
son joug de fer, il a voulu régir aussi « la femme ».

L'homme n'est plus sur le théâtre du monde,
mais le régime subsiste dans sa force ! L'homme est
tombé, mais ce lambeau du passé douloureux qui
se rattache au nom des Bonaparte, ce monument
d'un temps qui disparaît est encore là, au moment
où la France a rejeté loin d'elle les derniers vestiges
de ce temps qui n'est plus.

Et cependant, ce code dit « Napoléon », on le
méprise, on le foule aux pieds le plus souvent dans
la pratique, comme étant un héritage des temps de
la barbarie et de la force brutale, il ne sert qu'à

sanctionner que la force prime le droit, tandis que c'est « le droit qui doit primer la force » !

Il est donc là, toujours là, pour « écraser la femme ».

— Eh bien, vous le voyez, tout s'en mêle pour écraser la femme et l'assujettir au joug masculin, le théâtre, l'Église, le code, et même encore « l'État ». Et encore à qui vous en prendre puisque c'est l'État, l'État, être impersonnel, l'État, personne irresponsable, considéré comme infaillible dans ses appréciations, et qui porte certainement une lourde responsabilité morale, puisqu'il serait donc l'un des principaux coupables de la « dégradation de la femme » !

D'ailleurs l'immoralité est un fait qui marche, marche sans cesse, et les femmes vicieuses existeront toujours, c'est vieux comme le monde.... c'est un moulin à vent ; vous avez beau crier, vociférer, vous frapper la tête contre les murs avec désespoir, le moulin à vent marche toujours !

— Sans doute. mais le féminisme luttera, il veut du moins que l'État ne vienne pas sanctionner le vice, le couvrir de sa protection, prélever ses deniers, et être l'un des agents principaux du monde « corrompu et corrupteur » !

TROISIÈME PARTIE

LIBERTÉ - ÉGALITÉ - FRATERNITÉ

I

— Paris, et bien Paris, pourquoi le féminisme s'attaque-t-il à Paris plutôt qu'à n'importe quelle grande ville importante où la corruption règne tout autant, si ce n'est encore davantage ?

— Pourquoi ? c'est facile à comprendre ; Paris est plus qu'aucune autre grande ville, Paris est « un centre », ou du moins on le considère comme tel : un centre de bon ton, d'élégance, de civilisation raffinée, et le monde entier n'a-t-il pas l'ambition de se draper à la manière de Paris, de lui emprunter toutes ses ressources : un centre qui rayonne de tous côtés ; un centre sur lequel le monde entier a les yeux arrêtés afin d'imiter tout ce qui s'y passe, autant en mal qu'en bien.

Paris résume toute la France, il résume en quelque sorte le monde entier, tant il est vrai que Paris est le centre du grand mouvement international, le centre des lumières intellectuelles, littéraires, industrielles et tant d'autres, et la nation française se considère bien comme étant la première nation du monde par ses capacités, par son esprit; elle est d'autant plus responsable de l'influence qu'elle exerce et du prestige qui l'entoure.

Mais si Paris est un « centre lumineux » à bien des égards, il est surtout un « centre de corruption », ce qui fait aux yeux de l'étranger sa puissante attraction !

— Vous me révélez ici tout un monde dont j'ignorais l'existence !

— Que vous êtes heureux, moi aussi j'ignorais, mais il n'est pas permis d'ignorer toujours et, quand l'on séjourne à Paris, l'on apprend bien des choses que l'on ignorait !... que cependant l'on doit connaître pour ne pas rester éternellement dans une enfance inconsciente des choses qui sautent aux yeux de n'importe qui veut observer et comprendre tant soit peu, autour de soi, ce qui se passe !

Ainsi Paris, centre de corruption !

Triste gloire et chèrement acquise, au prix de milliers d'existences malheureuses, au delà de tout ce qu'il est possible d'exprimer, au prix d'un crime national en permanence et dont la France elle-même est la première victime.

Voilà ce qu'est Paris !

L'ensemble de ce spectacle pèse lourdement sur notre âme, sur l'âme honnète en général, et tend à nous remplir d'amertume contre l'état actuel de la société, de sorte que tout cœur, relativement honnête et bon, peut, à juste titre, se sentir attristé, humilié.

Et plus que cela, cet état de choses fait courir à la France un danger plus grand encore que les armées ennemies, et qu'importe si les ministères s'écroulent ou s'élèvent sur la ruine les uns des autres, tandis que la France porte en elle le germe de la mort, qu'elle alimente le ver rongeur qui risque de la détruire parce qu'elle conserve et maintient en elle un principe de « barbarie ».

Sans doute l'on considère comme un détail que la jeune fille soit entraînée au mal par des circonstances le plus souvent indépendantes de sa volonté et qu'elle se trouve ainsi lancée sur une piste qui, presque nécessairement, aboutit pour elle à une chute finale et probablement définitive: détail que l'enfant soit broyé dans les engrenages de la misère et du vice ; détail que la femme soit à la hausse ou à la baisse, que l'on spécule sur sa personne, et que, malgré tout, elle occupe le haut bout du pavé, que la femme immorale trône et qu'elle « pontifie » !

Tout cela, détail insignifiant aux yeux du philosophe et du moraliste superficiel, mais détail cependant qui forme tout un ensemble, ensemble formidable et qui constitue pour la France un danger, une menace de mort ou davantage encore, une « cause de mort » !

Mais l'on répondra avec ironie que la France ne peut périr !...

— La France ne mourra pas, elle ne mourra jamais ! La France, elle porte dans sa main le soleil de l'univers, elle est la reine du monde, elle est le flambeau qui éclaire les nations !

— Quoiqu'il en, soit les grands peuples de l'antiquité, plus glorieux en leur temps que la France ne l'est aujourd'hui, ont été précipités du faîte de leur orgueil et de leur immoralité dans les abîmes de la ruine et de la destruction, tels que Rome, la Grèce, et tant d'autres entraînés par la corruption qu'ils nourrissaient avec soin.

Et pour la France aussi, qui sait ce qui peut arriver?

Se représente-t-on ce beau pays désolé, ces fermes abandonnées, et la France en arrivant à n'être qu'un désert aride, autour duquel un poète quelconque viendrait s'écrier, comme en présence des contrées si glorieuses naguère des peuples de l'antiquité, de l'Italie entre autres:

Italie, Italie, adieu, bords que j'aimais,
Mes yeux désenchantés te perdent pour jamais !
O terre du passé, que faire en tes collines
Quand on a mesuré tes arcs et tes ruines,
Et fouillé quelques noms dans l'urne de la mort.
On se retourne en vain vers les vivants, tout dort !
Tout dort, et cependant l'univers est debout !
Par le siècle emporté, tout marche, ailleurs partout !
Le Scythe et le Breton, de leur climat sauvage,
Par le bruit de ton nom poussés vers tes rivages,
Ne t'aperçoivent plus dans tes propres débris,
Et mesurant de l'œil tes arches colossales,
Tes temples, tes palais, tes portes triomphales,

Avec un rire amer demandent vainement
Pour qui l'immensité d'un pareil monument,
Si l'on attend ici qu'un autre César passe,
Ou si l'ombre d'un peuple occupe tant d'espace.

...Et contemplant la Grèce, plus illustre encore
que Rome au point de vue des arts, de la littérature
et de la civilisation, ce même poète s'écrie :

Terre dont l'Océan avec un triste orgueil,
Semble encor murmurer le nom sur chaque écueil,
Et dont le souvenir, plânant sur ses rivages,
Se répand sur les flots comme un parfum des âges,
C'est la Grèce ! A ce nom, à cet auguste aspect,
L'esprit anéanti de pitié, de respect,
Contemplant du destin le déclin et la cime,
De la gloire au néant a mesuré l'abîme !

. . . .
Par les pas des tyrans ses bords sont profanés,
Ses temples sont détruits, ses peuples enchaînés.
. . . .
Mais à travers ce deuil le regard enchanté
Reconnaît en pleurant son antique beauté,
C'est toujours le pays du soleil et des dieux.
Ses monts jettent encor leurs sommets dans les cieux.
Et noyant les contours de leur cime azurée,
Semblent encore nager dans une onde éthérée !

Voilà comment les nations peuvent être précipi-
tées du faîte de leur vanité insensée dans les abîmes
de la destruction !

Mais nous n'en sommes pas là ! et nous voulons
espérer de meilleures choses pour la France, de plus

heureuses destinées, parce que tout à côté du monde corrompu, qui marche à la destruction, il existe aussi tout « un centre » de relèvement moral et religieux.

C'est ici « Paris sérieux », et d'autant plus sérieux que Paris mondain et léger l'enserre et l'étreint de toute part, celui-ci plus nombreux, plus à la mode du jour actuel.

Paris sérieux, c'est la vie intense de la charité et du désintéressement, celui des bonnes mères de famille, des heureux ménages, des enfants bien soignés et bien élevés.

C'est un Paris qui travaille et qui lutte, de la lutte éternelle du bien contre le mal, car Paris, tous les contrastes!

Paris, abîme de vice et Paris hauteur de vertus sublimes et trop souvent obscures! Paris qui descend aux enfers et Paris montant, élevé jusqu'au ciel : âmes complétement éprises du désir de « faire le bien » ; existences ravagées par la consécration glorieuse au bien.

En un mot, Paris sérieux est tout l'ensemble d'un travail considérable qui s'accomplit en vue du « relèvement » !

— De quel relèvement?... Quel est le but?

— Ah ! voilà ce qu'il est difficile à dire, parce que « le but » est souvent vague, indécis, travail qui reste infructueux parce qu'il s'accomplit en dehors des « questions vitales », de la société, de sorte que tous les efforts louables de Paris sérieux ne parviennent pas à enrayer le mal qui grossit chaque jour comme une marée montante.

En attendant, il navigue entre les deux partis extrêmes tout un parti du juste milieu, flottant, tendant les bras d'un côté et de l'autre, un parti qui brûle ce qu'il a adoré, et puis qui adore ce qu'il vient de brûler.

Qu'espérer de lui, à peu près rien, à moins qu'il ne se modifie... il est semblable à cette foule qui acclamait Jésus-Christ, qui le portait aux nues, le portait en triomphe en chantant : « Hosannah ! » et qui le lendemain se met à crier avec rage : « Crucifie, crucifie » !

II

Les jours marchent, le siècle avance,
Portant dans son sein l'avenir,
Tout l'univers est en souffrance,
On l'entend sourdement gémir !

Jamais probablement cette parole n'a été plus vraie, plus pénétrante, plus actuelle que maintenant, et jamais peut-être l'on n'a entendu d'une manière plus douloureuse le « sourd gémissement » de l'univers entier !

En effet, parmi les nations règne une paix factice sous laquelle grondent les tempètes, éclats de foudre qui semblent annoncer les orages lointains. Tout s'en mêle pour créer dans les esprits l'incertitude, la crainte de l'avenir et l'inquiétude du moment présent, et l'on ne peut méconnaître que chez les individus règne un désenchantement de toutes choses politiques, sociales, morales, religieuses, absence

de convictions, d'idéal, ne songeant qu'à abuser de
la vie, amour des jouissances matérielles, recherche
de l'argent, absence de sens moral, abîme qui se
creuse de plus en plus entre les portions diverses
de la société !

Tels sont les signes des temps qui font de l'heure
actuelle une heure troublée !.... où tout est remis en
question, toutes les notions anciennes sont boule-
versées, où il semble parfois que l'on en soit arrivé
à l'instant suprême d'une société que l'on dit être
une « société mourante », et qui, à coup sûr, est bien
malade.

Car quoique le Français soit moqueur et que tout
lui fournisse une occasion de rire, chacun sent malgré tout, que l'heure est solennelle et que ce qui augmente la perturbation morale dont chacun souffre,
c'est que toutes les « questions sociales » qui se posent et qui s'imposent sont bien éloignées encore
d'une solution satisfaisante et définitive : épée de
Damoclès constamment suspendue sur la tête de la
société.

De sorte qu'un sentiment d'impuissance et d'a-
néantissement vous saisit à la gorge en présence de
tous les faits, de toutes les idées, de toutes les utopies qui se disputent l'approbation, et cependant
rester spectateur impassible de la lutte engagée est
désormais impossible, ce serait lâche, il faut prendre parti, se décider, quoique ce ne soit pas toujours
facile dans ce Paris qui passe, toujours mouvant,
toujours courant à l'affût de toutes les idées, toujours

élaborant quelque nouveau projet, quelque nouveau programme.

A cette heure angoissée, douloureuse, où l'on ne sait à quoi s'arrêter, car tout se transforme en quelque sorte d'un jour à l'autre, où tout reste indécis, flottant, incohérent, autant dans les esprits, dans les cœurs qu'au dehors dans le monde en général, chacun crie, et de tous les points de l'horizon arrivent des voix :

— La route à suivre, où est-elle, qui nous indiquera le chemin ?

— Où est-il le Sauveur, le Rédempteur, celui qui nous délivrera de ces obscurités et de ces agonies ?

Et chacun de répondre à sa manière :

— Le Christ… le Sauveur, Il est ici ou Il est là, chacun avec empressement présente son moyen de délivrance.

Toutes les œuvres de charité par exemple, si nombreuses à Paris, en France et ailleurs : œuvres de bienfaisance, d'aide, de secours, de relèvement, protection du faible, du chétif, de l'affligé, défense de l'opprimé, autant d'œuvres excellentes sans doute, parce qu'elles émanent du sentiment philanthropique, humanitaire et chrétien, mais ce nombre infini de refuges : asiles de nuit pour les adultes, crèches pour les petits enfants, témoignages rendus à la solidarité humaine, ainsi que les bureaux de placement gratuits, protection spéciale envers les infortunés qui sortent de prison, œuvres protectrices de la jeune fille et mille autres, sont-elles autre chose que des « palliatifs » au mal qui dévore la société.

Elles ne bandent pas sa plaie, elles ne guérissent pas, elles n'atteignent pas le fond, la racine même de la maladie, peut-être même que parfois elles l'augmentent, en creusant plus profond le sillon qui sépare celui qui a de celui qui n'a pas.

Sont-elles autre chose encore qu'un « coup d'épée dans l'eau ». car elles enlèvent à l'individu l'initiative individuelle qui serait pour lui peut-être le meilleur des soutiens.

Et ce qui le prouverait, c'est qu'augmente chaque jour la quantité d'indigents qui viennent se placer sous la protection bienfaisante pour eux de ces œuvres d'utilité publique, et le nombre croissant des misérables, « des va-nu-pied », montre à n'en pouvoir douter quelle est l'impuissance des œuvres de charité pour remédier aux souffrances sociales. et que la charité, telle qu'on l'entend aujourd'hui. n'avance qu'à fournir un nouvel élément à l'appât de la richesse.

Toutes ces œuvres font baisser le niveau moral au lieu de le relever.

La science aussi préconise ses affirmations et crie à tous les vents qu'elle fournira une « panacée universelle » pour guérir les maux dont souffre l'humanité.

Elle en arrive à affirmer que c'est elle la seule, la grande rédemptrice !

Peut-être. si l'humanité était tout matière, mais les remèdes qui n'abordent que la matière ne peuvent lui convenir, car l'humanité est esprit, et tout remède qui n'atteint pas l'union des deux éléments dont elle se compose n'est qu'une « utopie invraisemblable ».

Mais, cherchons bien cependant, et, après avoir découvert les symptômes vrais du mal jusque dans ses racines les plus profondes et les plus secrètes, après avoir pénétré jusqu'à la moëlle des os, nous trouverons bien sûrement le remède que la bonne Providence a toujours eu soin de placer droit à côté du mal.

— Alors, que faut-il donc ?

— Ce qu'il faudrait, c'est une solution véritable de la « question sociale » !

— La question sociale, mais on n'y croit pas: sans doute elle court les salons, on l'écrit à sa boutonnière, l'on fait à son sujet de grandes péroraisons, mais dans la pratique des choses, il n'existe pas de question sociale, c'est un mot, un simple mot bien porté par ceux qui sont « républicains en théorie », et dans le fond « aristocrates » !

— Ne pas croire à la réalité des questions sociales, c'est fermer les yeux volontairement : voyez par exemple ce pauvre infirme qui se faufile entre les groupes de fumeurs pour ramasser furtivement quelques bouts de cigares que ces messieurs jettent négligemment; il les fourre dans son sac et ça lui fera peut-être un morceau de pain à manger.

Dans cet angle de maisons, observez cette vieille femme, succombant sous le fardeau d'une sacoche trop lourde, que fait-elle ?

Elle farfouille péniblement dans un tas de balayu-
res pour y chercher des os ; donnez-lui deux sous,
oui, deux sous seulement qui pour vous ne sont
rien, et pour elle, c'est tout, preuve en est l'accent
de reconnaissance avec lequel elle vous remercie.

Et dites si la pauvreté sordide de toute une classe
de la société est une chose normale en plein monde
qui se dit « civilisé et chrétien » !... contrastes stu-
péfiants entre l'opulence et la misère noire !

Ou bien, si vous n'êtes pas encore persuadé, faites
le tour de cette rue là-bas et regardez tous ces gens
attablés devant un grand café : ils n'ont pas honte
de leur bien-être, de leurs toilettes, mais celui qui
regarde, le pauvre chiffonnier, la petite ouvrière qui
passe, ils se disent :

— Alors !... pourquoi pas moi, moi aussi, sont-ils
d'une autre race ceux-là, sont-ils d'une autre chair,
mais non, et moi, je suis autant qu'eux, surtout
puisque je travaille et que, eux, ils ne font rien,
paraît-il ?...

Écoutez aussi comment parle le mécréant qui observe de loin :

— Ah oui, si je pouvais aller là m'asseoir et prendre du café avec un petit verre qui coûte trente centimes, seulement trente centimes, je ne les ai pas,
comment faire ?... et puis, je pourrais suivre cette
belle dame en robe rose, aux cheveux teints, à l'œil
de jais, bien fardée, qui marche au milieu des messieurs d'un air dominateur, et qui sourit à celui qui
la fait monter en voiture.

Seulement, je ne dis pas le contraire, j'ai aussi mes petits boniments, par exemple, quand les rues sont barrées aux voitures pour cause de réparations, alors j'établis là mon commerce ambulant et j'adresse des harangues au passant, ah ! des harangues, j'en ris sous cape tant elles sont drôles.

J'argumente les allants et venants d'une belle manière, je leur débite des discours abracadabrants : ils sont là tous à m'écouter bouche béante, et cela seul, en attendant mieux, me console de la pauvreté,... quelques sous me suffisent pour acheter le morceau de pain nécessaire.

Ensuite nous vidons les poches quand l'occasion s'en présente, c'est rigolo !...

Et c'est ici l'accent, c'est la nature humaine qui parle, oui, elle dit vrai, il ne faut pas la faire taire, et il est évident que tous les contrastes que l'on entrevoit, ne fût-ce qu'à la rue, sont trop saisissants pour que l'on puisse méconnaître leur importance réelle au point de vue des questions sociales ; c'est au sein du peuple qu'elles s'agitent, c'est le peuple qui les met en avant, tandis que les messieurs et les dames ne s'en occupent que : à bien plaire, en amateurs, c'est-à-dire en théorie, mais pas en pratique.

Oui, c'est bien ça, les « différences sociales », voilà ce qui crée les questions sociales. Sans doute l'on peut objecter que la misère est due à la paresse individuelle, au désordre, au vice en un mot, mais la richesse aussi, en grande partie, et bien souvent, n'a pas été gagnée au plus grand honneur de celui qui la possède, et l'avarice, la mesquinerie, les mauvais moyens de s'accaparer le bien d'autrui, n'ont pas toujours été étrangers à la possession de la richesse.

Quoi qu'il en soit, il saute aux yeux des plus prévenus et des plus incrédules qu'il existe des questions sociales qui attendent une solution.

Elles se résoudraient peut-être en grande partie si « le patron accordait à l'ouvrier une participation aux bénéfices, quand il y en a », alors aussi, le travailleur travaillerait plus gaîment, avec plus d'espoir, plus d'entrain et plus de dévouement au bien-être général, il serait moins « le révolté » en détresse qui imagine tout ce qu'il y a de mal pour nuire à la société.

L'on voit à Paris des choses trop poignantes pour qu'il soit possible de les oublier ou de méconnaitre leur valeur réelle au point de vue des questions sociales, autant de contrastes inattendus qui nous frappent, nous ouvrent nécessairement les yeux, le cœur et l'esprit à des horizons nouveaux.

De plus, le déchainement du mal nous pousse plus résolûment vers le bien, vers le dévouement aux grandes causes, vers la recherche des grands moyens de salut qui sont offerts à l'humanité et tout le conflit d'idées auquel l'on assiste sans le chercher, sans le vouloir, toute cette triste science humaine qui nous est révélée, c'est un « coup de fouet » qui nous est donné, une impulsion nouvelle et irrésistible, une marche en avant résolue vers un but déterminé quel qu'il soit.

A cette heure d'angoisse, il n'est plus question de se promener en philosophe au milieu de la foule agitée, la flânerie n'est plus longtemps possible, il faut se décider, prendre de grandes résolutions, sous cette influence de Paris qui est de produire une immense et irrésistible poussée vers une activité nouvelle et utile, de développer la volonté précise, qui avait son germe dans la pensée.

Il faut apprendre à se mettre à la brèche, à s'occuper de la pratique des choses, mettre la main à la pâte, comme disent les ménagères, il faut donner son temps, sa force, sa sollicitude, ses capacités si l'on en a, et seulement alors l'on pourra penser avoir rempli son devoir social et chrétien.

Désormais, il ne peut plus être question de se croiser les bras avec indifférence, dans une douce quiétude; l'on éprouve le dégoût de son inaction, à quoi bon avoir de grandes visées, de nobles aspirations en faveur de l'humanité souffrante et méconnue, de constater le mal, de mettre le doigt sur la plaie saignante, sur la gangrène qui ronge, et d'épuiser ses forces en lamentations stériles.

— Alors, dans quel sens faut-il donc travailler ?

— Il faut se lancer dans la mêlée, au risque d'être soi-même écrasé, c'est-à-dire que, à force d'observer, d'étudier, de parler peu et d'écouter beaucoup, grand moyen de s'instruire, vous recherchiez sérieusement à porter un remède efficace aux maux dont souffre la société tout entière.

Mais hâtons-nous de résumer notre pensée en disant que, au sens du « féminisme », une seule question sociale existe réellement, celle qui concerne « la femme », et que de cette solution-là dépend tout l'avenir vers lequel marche la société présente!

La femme reprenant conscience d'elle-même et placée sur un pied d'égalité avec l'homme, car, égale elle l'est ! tout le dit, tout l'affirme, pour ne pas dire qu'à de certains points de vue elle lui est supérieure.

— Supérieure, mais c'est impossible, d'ailleurs l'homme n'a-t-il pas été créé le premier?...

— Qu'il ait été créé le premier indique précisément que la femme, elle, était le « vrai couronnement » de l'œuvre de création, si du moins l'on remonte jusqu'à elle par l'échelle progressive des êtres créés.

— Comment les choses se sont-elles passées ?

— Voici: au moment où l'homme venait d'être formé de la poudre de la terre, et où il se trouvait, au milieu de tous les animaux, seul de son espèce, Dieu fit tomber sur lui un sommeil profond, pendant lequel Il créa, de la côte même de l'homme, « une femme », et l'homme. en la voyant et en la contemplant avec admiration, s'écria :

— Celle-ci est bien os de mes os, et chair de ma chair!... Par conséquent la femme fut créée d'une chair déjà vécue, palpitante de vie, en un mot, et formée d'une substance supérieure.

— Sans doute, mais ces faits sont inexplicables, comment peut-on y croire?

— Croire à cette création de la femme est tout aussi facile que de croire à la création du soleil, de la lune et des étoiles, car dans les choses de ce monde il existe tant de « choses » que la raison ne comprend pas, lesquelles subsistent néanmoins, qu'une de plus ou de moins n'est pas une affaire.

L'humanité est obligée de croire les yeux fermés, bien souvent, une multitude de choses qu'il est impossible de démontrer comme deux fois deux font quatre, et qui subsistent néanmoins.

Ainsi l'homme extrait de boue, et la femme tissée d'une chair déjà vécue, palpitante de vie, d'énergie, par cela même supérieure !

Lui, matière, elle, esprit !

Lui, force physique, de pâte plus grossière, elle, force morale, plus éthérée, l'influence et le charme tout à la fois, et vraiment la femme n'est-elle pas semblable à la vapeur, au gaz, à l'électricité qui s'échappent de la matière brute, c'est-à-dire qu'elle possède une finesse, une pénétration qui la rendent propre à remplir sa vocation réelle dans ce monde, c'est-à-dire : « l'influence ».

Étant donc supérieure elle est aussi plus responsable de l'influence qui s'exerce autour d'elle sur les individus, dans les familles et dans la société tout entière, et c'est en vue de l'influence salutaire que la femme doit exercer qu'elle doit se sentir affranchie de tant de jougs qui pèsent sur elle lourdement et l'écrasent !

La femme, quand elle se présente à l'état normal

et dont l'image flotte sans cesse au regard, mais dont l'on rencontre trop rarement la charmante réalité, influe sur l'homme fortement, et doit se considérer comme étant la dépositaire attitrée de tout ce qui est élevé, de ce qui est beau, de ce qui est grand et bon, et quand elle ne remplit pas sa vocation, elle est coupable !

Mais comment en arriver là, si la femme ne se place pas sous l'empire d'une « saine évolution », soutenue, aidée par l'évolution de la pensée contemporaine qui demande l'élaboration de nouveaux principes, sous la direction d'une théologie nouvelle qui tend à affranchir les esprits de la doctrine servilement interprétée !...

— Qu'entendez-vous par évolution de la pensée contemporaine ? qu'est-ce qu'une évolution, et en quoi consiste-t-elle ?

— Les esprits sont toujours en éveil, en travail dans un sens ou dans l'autre, mais les esprits sérieux se rassemblent, se condensent pour marcher de concert dans ce qui s'appelle : une évolution, c'est-à-dire vers un but plus ou moins clairement défini.

Cette évolution s'accentue de plus en plus au point de vue social et au point de vue religieux.

Il y a donc l'évolution religieuse qui cherche, qui élabore de nouveaux principes sous l'empire d'une théologie nouvelle, laquelle tend à émanciper les esprits d'un biblicisme servile, et qui cherche le critère des vérités religieuses dans la conscience et dans l'expérience de la vie.

Dès lors, qu'importent les incohérences qui peuvent se rencontrer dans les faits rapportés par les Saintes-Écritures, puisque ces faits ne sont destinés qu'à envelopper « l'idée », cette idée qu'il s'agit de démêler, de rendre lucide et populaire... idée qui seule peut servir de « point d'appui » à l'idée sociale, celle-ci découlant de l'autre inévitablement. C'est donc de l'évolution religieuse que dépend, que découle l'évolution sociale, ce qui est nécessaire à savoir pour saisir, par la pensée, les questions sociales dans leur ensemble, et indispensable, pour ébranler le monde au point de vue social.

Car le veut-on, ne le veut-on pas, les questions sociales existent; elles forment comme un immense faisceau dont la « justice » est le lien, seulement dans la pensée du féminisme, la plus grande question sociale qui existe, la plus pressante à résoudre d'une manière satisfaisante pour la conscience sociale, est celle qui « intéresse » l'affranchissement de la femme !

Il est donc ici question d'élargir les idées d'émancipation morale, religieuse et sociale, dont la femme est l'objet!... d'affranchir la femme par l'Évangile bien compris, et affranchissement de la femme par la femme elle-même comme instrument de salut !

Ainsi sous l'empire des deux évolutions religieuse et sociale, la femme, la femme travailleuse, la femme sérieuse avancera, quoiqu'elle se trouve encore trop écrasée, qu'elle porte encore un trop lourd fardeau pour être, et même souvent pour paraître disposée à lutter pour sa propre cause, elle est enlacée, entraînée, et souvent aussi, poussée par le courant du jour, elle évite les choses graves et sérieuses, elle se lance, elle aussi, dans la légèreté, dans la vanité, dans la superficialité, et ainsi en vassale soumise elle n'attend qu'un mot, un sourire, un regard pour s'abandonner elle-même et se laissant bercer d'illusions, elle ne comprend plus rien à sa vocation réelle dans ce monde !

Triste spectacle assurément, car la femme n'est pas, ne peut pas être, dans ces conditions-là, à la hauteur de sa tâche, bien au contraire, et sa mission n'est pas remplie, au lieu d'être « instrument de vie » elle est « instrument de mort » : son effort est pernicieux, tendant à détruire ce qui constitue l'honneur de l'humanité, et élève celle-ci au-dessus de l'animal ! D'où il résulte que la portion de l'humanité qui est par-dessus tout destinée à être la dépositaire sacrée et attitrée des choses morales et élevées, en un mot de l'idéal ; sous toutes ses formes, étant terre-à-terre, il se trouve que, au lieu de relever le niveau moral qui baisse de plus en plus, elle tue l'honnêteté, elle tue la morale, elle tue la religion, elle tue la famille, elle tue les individus, elle tue l'homme tout entier, corps et âme.

C'est donc bien ici qu'il est pressant de rétablir les lois et les « droits de l'âme, de sa conscience, du libre-arbitre et de la liberté bien comprise et bien entendue ! »

III

Puisque l'évolution religieuse, morale et sociale,
à laquelle la femme doit s'associer, tend à établir les
droits inaliénables de l'âme et de la conscience individuelle, il est donc bien important d'être persuadé
que l'âme, la conscience existent.

C'est ici le monde de la pensée, de l'esprit, du for
intérieur, en un mot, comment donc voulez-vous
affirmer la présence dans l'être humain de ces choses cachées, secrètes, mystérieuses, qui ne se voient
pas des yeux de la chair, et comment prouver comme
deux fois deux font quatre qu'ils existent; pour
cette raison-là sans doute, si peu de personnes
croient à leur existence.

— Pardon, il n'est pas si difficile de discerner
l'action de l'âme, de la conscience !... il suffit d'ouvrir
les yeux et de considérer les résultats qu'ils obtien-
nent; ainsi nous pouvons les voir, les toucher en
quelque sorte et entendre de nos oreilles les preuves
évidentes de la conscience et de celle de l'âme.

— Comment?

— Eh bien, observez. étudiez de près cette foule qui nous attire. même malgré nous, elle nous captive et nous l'aimons. car nous découvrons en elle la preuve irrécusable. infaillible de l'existence de l'âme humaine.

Que sont, que peuvent être, tous ces jeux de physionomie. ces traits d'esprit. de malice, cette expression de colère ou d'amitié, si l'âme n'existe pas.

Est-ce la matière seule. les combinaisons chimiques de la matière qui pourraient avoir ces éclairs de pensée, ces lucidités, ces profondeurs de vue, c'est impossible ! Quel enseignement que la foule, quand on observe l'âme qui se traduit sur les visages et les diverses expressions de la pensée.

La foule. suivons-la sous ce climat exceptionnellement agréable de la ville de Paris. ni chaud, ni froid, mais assez doux pour permettre de se promener avec plaisir au milieu des chariots couverts de fleurs embaumées, roses exquises d'une délicatesse extrême. amoncellements de lilas blancs, de mimosas : c'est la rose et la violette que l'on nous présente à chaque pas. fleurs qui répandent à l'entour un parfum délicieux. et dont on rafraîchit les tiges dans l'eau limpide et cristalline qui coule à pleins bords le long des trottoirs. faisant de Paris une ville si propre et si aimable à parcourir.

Il existe un grand charme à se laisser entraîner, porter en quelque sorte par la foule silen-

cieuse, puisque sur la chaussée le tumulte des co-
chers, des roues et des voitures, empèche aucun
autre bruit d'atteindre votre oreille et produit autour
de vous une vraie solitude au milieu de la société la
plus nombreuse qu'il soit possible d'imaginer, du
tout Paris qui se meut dans les grandes voies de circulation.

Vous avez ainsi le temps d'observer la foule, qui,
à elle seule, présente un spectacle unique en son
genre, une attraction des plus intéressantes : toujours
variée, toujours nouvelle par ses imprévus, elle suf-
firait à alimenter, à occuper nos études, à captiver
nos facultés.

Ici, tous les échelons de la société se rencontrent,
tous les rangs mélangés, depuis le plus élevé jusqu'au plus bas de la rue, se coudoient sans cesse
sur les trottoirs, sous les arcades, sur les places publiques.

C'est la dame à la toilette élégante et le pauvre
déguenillé, le mendiant en haillons et le beau monsieur à l'air dominateur, tous ces types de l'humanité, toutes les expressions de visage, toutes les allures, toutes les démarches, tous les gestes et même
toutes les langues, en un mot tous les contrastes que
l'imagination la plus féconde pourrait imaginer, tant
il est vrai que Paris devient « ville cosmopolite » et
que les vrais Parisiens sont en minorité.

Ici l'on peut étudier en quelque sorte toute l'humanité, et à voir ces grandes agglomérations de population, à observer cette masse énorme de prome-

neurs, qui va, qui vient, se presse, sans que l'on puisse, à première vue, discerner quelle idée les pousse en avant, quel sentiment les anime chacun en particulier, il pourrait vous venir sur les lèvres le mot grossier de : bétail humain.

Mais non, cette expression serait malséante, révoltante même, car n'est-ce pas ici tout autour la « grande famille humaine », dont le spectacle intéressant se déroule dans la variété de ses échantillons.

Ne sont-ce pas là des frères, des sœurs, et malgré les différences extérieures, c'est bien ici, oui, « l'unité dans la diversité » ; tous gens de même origine et de même race, noirs, blancs, rougeâtres, jaunâtres, quelle que soit la couleur, quelles ques soient les divergences de détail, ils sont « un ».

Ils sont un, non en vertu de ce qu'ils ont le nez au milieu du visage, mais parce que, chacun, si nombreux qu'ils soient, portent en eux « une âme », un « moi mystérieux » et profond, étincelle de vie, que le moindre souffle peut atteindre, sans doute, et faire vaciller, mais qui ne peut périr !

« Conscience, âme, moi supérieur », tous ces mots qui affirment la vie de Dieu en nous sont synonymes, identiques dans leur signification et dans leur valeur par delà le monde visible.

C'est l'âme, c'est la conscience qui nous met en rapport avec « l'infini », qui nous le donnent à saisir, à comprendre, ou du moins à entrevoir et à désirer.

Par la pensée, transportez-vous au milieu de ces

plaines de France où l'œil ne rencontre aucun obstacle à se perdre dans un vague lointain, profond.

Ne vous font-elles pas rêver de « l'infini », ce qui n'a pas de fin, pas de limite?

C'est en Dieu que réside le véritable infini, l'infini du bien, l'infini du bon, l'infini du beau!

Ou bien, allez en pays de montagnes, sur ce point élevé d'où l'on peut contempler une vaste nappe d'eau, dormant paisible et calme à ses pieds, tandis que, au loin, les collines s'enveloppent dans l'ombre.

A ce moment, la lune émerge dans le ciel d'un bleu sombre, et l'astre des nuits découpant avec netteté une rude échancrure de rocher, s'élève peu à peu dans les airs avec une majesté de reine et projette sur les eaux un large sillon, scintillant et lumineux.

— Que c'est beau! vous écrierez-vous.

Et contemplant ce spectacle sublime. vous resterez comme en extase.

Puis vous ferez un geste enthousiaste en embrassant cet immense univers, toute cette magnificence : le paysage, le ciel infini, la lune et les étoiles qui commencent à briller dans la voûte céleste.

Par delà ces mondes, il existe d'autres mondes encore, d'autres soleils, d'autres espaces incommensurables au milieu desquels le globe que nous habitons n'est qu'un atome, et toutes les nations sur la surface de la terre ne sont que comme un grain de sable.

Jugez donc de ce que nous sommes, vous et moi ?

Rien, moins que rien, n'est-ce pas ?

Eh bien, dès que nous sommes capables de saisir, par la pensée, quelque chose « du grand infini » qui nous enveloppe de toutes parts, c'est que l'humanité porte en elle quelque chose... une parcelle de cet infini, une étincelle du feu éclatant qui a allumé tous ces soleils...: ce sentiment d'infini affirme que nous ne sommes ni de la terre, ni pour la terre, et que l'humanité est grande au sein même de sa petitesse actuelle et momentanée!

Saisir Dieu. s'emparer de sa personnalité qui est « amour aussi bien que sagesse et puissance », Le discerner, Le comprendre. Le posséder derrière le voile qui Le cache et Le révèle tout à coup, L'étudier dans l'univers tout entier, dans l'histoire de l'humanité et surtout dans son propre cœur, c'est-à-dire connaître Ses pensées qui ne sont pas nos pensées, et Ses voies qui ne sont pas nos voies.

Tel est le domaine exclusif de « l'âme, de la conscience ».

Tant il est vrai que la nature humaine se compose de deux éléments: l'élément terrestre et l'élément céleste.

Ces deux éléments se combattent, ou bien ils s'harmonisent dans une véritable grandeur.

Ils ont tous les deux besoin de nourriture: l'élément terrestre se nourrit du pain matériel que l'on achète chez le marchand, et l'élément divin a besoin du « pain de vie », il se fortifie de tout ce qui « émane de Dieu !» afin que l'élément divin se développe, qu'il prenne les proportions d'une forte personnalité, et qu'il en arrive à la structure d'homme fait !

Et dans ce monde-là, il n'y a ni homme, ni femme, les âmes sont égales, elles sont toutes de Dieu, par Dieu, et pour Dieu : toutes les âmes sont sœurs !...

Mais, cela ne s'opère pas sans lutte. De ces deux éléments lequel va dominer l'autre ?

C'est l'élément divin qui doit prendre le dessus, cependant l'élément humain résiste, il veut, lui aussi, obtenir la victoire.

Sera-ce la domination de l'âme sur le corps ou la domination du corps sur l'âme, en tout cas, ce sera l'un ou l'autre, il n'existe pas de milieu.

Entre les deux, c'est une lutte à outrance, une lutte à mort, un duel en permanence, dans lequel l'un ou l'autre des combattants doit rester sur le carreau brisé, vaincu.

Mais, la lutte, c'est déjà la victoire, la victoire donnée par Celui qui veut cette lutte bénie, qui la soutient et la fait triompher.

Chacun donc peut et doit s'écrier, par le fruit de son expérience personnelle :

> Je sens deux êtres en moi !
> L'un, tout esprit et tout céleste
> Veut qu'au ciel sans cesse attaché
> Et des biens éternels touché,
> Je compte pour rien tout le reste,
> Et l'autre, par son poids funeste,
> Me tient vers la terre penché !

Ici, ce n'est pas comme à l'Exposition universelle de Paris, où une jeune dame en vêtements de deuil, accompagnée d'un petit garçon, criait d'une voix douce et triste:

« La tombola de l'Exposition, à qui la chance, à qui les cinq cent mille francs? »

Non, c'est ici à qui la lutte, à qui le travail spirituel, à qui le renoncement à soi-même, à qui la force morale, à qui le « vaincre ou mourir », non pas au figuré, mais à la lettre!

Ici, ce n'est pas non plus une affaire d'argent, ni une affaire de force physique, ni une affaire de coterie religieuse, politique ou sociale.

Le triomphe final de cette lutte secrète, voilée, cachée à tous les yeux, et dont nul ne se doute peut-être dans le monde extérieur, nul aussi ne peut l'acheter ou le vendre.

Ame, conscience, cette épée qui dirige le combat de la vie, cette lame qui use le fourreau, ce feu intérieur qui consume et fait bois de tout ce qui se présente, la conscience peut être bien ou mal dirigée, elle peut même en arriver à appeler mal ce qui est bien, et bien ce qui est mal, à force d'être aveuglée.

Voyez ce millionnaire, il croit bien de cacher ses trésors, de leur faire rapporter de petits intérêts, pourvu qu'ils soient en sûreté, ne se souvenant pas que celui qui donne au pauvre prête à l'Éternel qui lui rendra son bienfait, et ne discernant pas que si l'argent est plat pour s'amasser, il est surtout rond pour rouler et faire du bien autour de soi:

Tout pour eux et pour leur famille, rien pour autrui, égoïsme en famille, au lieu de : égoïsme à soi seul.

Et celui qui fabrique une bombe explosible et la lance contre le millionnaire, il croit aussi bien faire, le plus souvent il croit obéir à sa conscience.

Tous deux se trompent, ne discernant pas la route à suivre.

Ceux qui excitant le désordre, basent leur fortune personnnelle sur la révolte d'autrui, sur les plaies. les misères, les ruines, la souffrance d'autrui, peut-être aussi croient-ils bien faire, seulement, voyez-les, ces mêmes individus, voyez-les en présence de la mort, en présence de la guillotine. par exemple. les voilà tout tremblants ; un réveil, un réveil du sentiment de justice que la conscience ordonne, et qui est écrit en eux, un réveil de la conscience se manifeste.

.... C'est le cri de la conscience ! pierre de touche de leur vie intérieure !

La conscience a donc besoin d'être éclairée, dirigée, sans cela elle se trompe, elle s'égare !...

Il en est de même pour l'ensemble des consciences. ce qui constitue une « conscience publique », c'est-à-dire une conscience collective, qui peut être appelée aussi « opinion publique ».

Cette conscience-là juge de toutes choses, proteste, condamne ou approuve ; elle est aussi une lumière dans l'obscurité.... Cependant, quoiqu'elle puisse avoir ses intermittences de clarté, elle se range en général du côté où existe « le droit et l'é-

quité », elle a plus ou moins le sentiment de la justice, de l'humanité réelle, c'est pour cela que le mot
« voix d'un peuple est voix de Dieu », n'est peut-être
pas tout à fait exagéré ; grande voix de protestation,
que les potentats eux-mêmes sont forcés d'écouter,
et qui les fait reculer parfois dans les prétentions
excessives de leur autorité !....

IV

L'âme, la conscience éclairées, élargies, développées normalement produisent à leur tour la « force morale », autrement dit l'énergie qui consiste non à donner libre carrière à ses passions, mais à les vaincre par une force supérieure, à les dominer, ce qui se rapporte à cette parole admirable de l'Écriture que « celui qui est maître de son cœur est plus grand que celui qui prend des villes ».

En quoi consiste donc la grandeur morale, si ce n'est à « se vaincre soi-même » !

— Cette force morale, où peut-on la voir aujourd'hui?

— D'une manière générale, la force morale, cette énergie comme nous l'entendons, n'existe plus, elle disparait, et le mot lui-même, le mot n'est pas compris, preuve en est qu'il ne répond à aucune des idées du jour actuel.

En effet, les hommes, les vrais hommes, où sont-ils aujourd'hui, les hommes d'honneur, les hommes de caractère, les hommes de probité surtout, les hommes de justice, les hommes de haute valeur morale, puisque chez ceux-là même qui inspiraient le plus de confiance, l'on découvre à la fois calcul, duplicité, tromperie, et que l'on peut à juste titre appeler les hommes d'aujourd'hui des « hommes d'argent ».

L'argent, pour ce dieu-là ils sacrifieront tout, ils céderont à tous les entraînements de la fortune gagnée par de bons ou de mauvais moyens, peu leur importe, pourvu que l'argent arrive, et qu'il roule... s'en allant en plaisirs et en jouissances de toute nature.

L'argent, le dieu du siècle, le prince de ce monde, devant lequel l'on se prosterne, dont on écoute tous les conseils, l'on vendra son âme, s'il le faut, pour en obtenir davantage ; pour l'argent, tout est bon, tout est bien : la fin justifie les moyens !

— A quoi voulez-vous aboutir dans ce monde sans argent ? L'argent est le nerf de la guerre, et les choses les meilleures ne peuvent s'accomplir sans cela.

— De l'argent, faites « un moyen » et non « un but » unique à vos efforts !... Ainsi ce que l'on voit aujourd'hui c'est : absence de volonté, de résistance, incapacité de lutter contre le mal, impossibilité de renoncement à soi-même — c'est la maladie du siècle !

— Mais les victimes du devoir professionnel, elles ont ou du moins elles font preuve d'une grande force morale, il faut en convenir.

— Sans doute, l'accomplissement du devoir professionnel fait éclater parfois des actions de valeur, mais ces actions de valeur peuvent être accomplies même sans la présence d'une réelle valeur morale, il ne faut pas s'y tromper.

La vanité, l'orgueil de se poser, de faire parade de son dévouement, de se créer un nom retentissant ainsi que le dédain de la vie et le dédain de la mort qui peuvent entrer pour beaucoup dans l'accomplissement de devoirs qui sont d'ailleurs difficiles à remplir par moments.

— La vraie « force morale », d'où provient-elle donc ?

— Elle naît de « la foi » !...

— Et la foi d'où vient-elle ?

— La foi vient de ce que l'on entend!. . . de ce que l'on entend, non seulement des oreilles du corps, mais la foi vient de ce que l'on entend de l'esprit, du cœur, de la conscience, c'est-à-dire de ce qui pénètre ces noms si profondément, arrivant jusqu'aux jointures et aux mœlles spirituelles, que cela aboutit à faire partie intégrale de notre personnalité ; voilà ce qui s'appelle entendre.

— Mais où peut-on entendre ces choses qui produisent la foi? Est-ce à la rue, par exemple, où l'on entend un si grand nombre de choses que l'on en est étourdi, froissé, troublé ; autant de choses qui nous dispersent les idées au lieu de les rassembler !

— Non, ce que l'on entend, et qui produit en nous « la foi », c'est-à-dire la croyance en quelque chose qui existe au delà des choses visibles et périssables, nous arrive au moyen de la « Parole de Dieu » !

— La parole de Dieu ?... est-ce que Dieu parle ?

J'ai entendu dire au contraire que « Dieu ne parle pas, mais qu'Il paie », c'est-à-dire qu'Il rend et rendra à chacun selon son œuvre !

— Oui, Dieu paie. Il paie le méchant de sa méchanceté.... Il paie.... je ne pourrais ici mentionner en combien de choses Dieu paie!....

Mais si Dieu paie, Il parle aussi.

— Expliquez-moi comment Dieu parle.

— Dieu parle, par exemple, lorsque vous voyez le condamné à mort pour les crimes qu'il a commis, et qu'il a manifesté pendant le temps de sa détention un grand orgueil, une grande satisfaction du mal qu'il a pu accomplir, après qu'il s'est vanté d'avoir un courage héroïque pour affronter la mort, tout à coup le voilà tremblant en face de l'échafaud, il devient pâle de frayeur et fort angoissé.

Pourquoi ?

C'est parce que Dieu lui parle dans le secret de son cœur et lui dit:

— Ah ! si tu veux te repentir de tes péchés et me demander grâce, à moi qui condamne pour l'éternité, si tu veux m'appartenir, te donner à moi, il en est temps encore, veux-tu ?

Et quelquefois, au dernier moment en effet, l'âme se donne à Dieu. elle se rend, elle dépose les armes. elle se livre, elle s'abandonne, et c'est la délivrance non pas de la mort du corps qui est inévitable, mais c'est la délivrance de la mort de l'âme !...

Ainsi Dieu parle!... mais Il ne parle pas à la manière des hommes. Il parle dans le secret des cœurs, des consciences, où on l'entend,... quand on veut l'écouter.

Il parle encore par le livre qui s'appelle « la Parole de Dieu ».

— Cela, c'est un livre d'homme, cela n'est pas, cela ne peut pas être la « Parole de Dieu ».

— Et pourquoi pas ?... De même que Dieu parle dans le secret des cœurs, qu'Il vous parle à vous, par son Esprit, Il me parle à moi et je connais Sa voix. Il a aussi parlé à d'autres personnes dans les temps anciens, Il leur a révélé des choses grandes et profondes que ces hommes sont parvenus à fixer sur des parchemins et à conserver pour les générations à venir... c'est l'ensemble de ces révélations qui s'appelle « la Parole de Dieu ou la Bible », peu importe le nom dont vous appelez les choses, c'est bien toujours la même chose!...

— Mais ce livre, la Bible, est aujourd'hui fort contesté, l'on doute de son authenticité.

— Parce qu'on ne le connaît pas et que l'on ne veut pas se donner la peine de faire « l'expérience » des vérités qu'il contient.

— Il renferme des irrégularités, des contradictions, des erreurs de date, et que sais-je encore... à ce sujet chacun a son mot à dire, à tort ou à raison, contre ce qui s'appelle la Bible !

— Nous le savons, mais cela ne nous trouble nullement, car il va sans dire que la pensée divine, passant par le tamis de la pensée humaine, n'a pu que se charger de quelques malpropretés d'expression de langage et d'explications. Il en serait impossible autrement.

La révélation se donne comme étant la « science divine »; c'est à cette science-là qu'il faut s'attacher, et non faire de tous les détails accessoires une pierre d'achoppement pour sa croyance en la chose principale.

La pauvre humanité vacillante, incohérente a besoin d'une « boussole », elle a besoin d'un « phare » qui l'éclaire dans l'obscurité de la route; elle a besoin d'un « appui solide », en un mot, il lui faut un « fait immuable » sur lequel appuyer sa « faiblesse ».

Le fait immuable, il est là, dans « la Révélation! » que voulez-vous de plus et que voulez-vous de mieux ?

Et ce qui prouve quelle est la vérité de la Révélation divine, c'est tout le besoin que nous avons d'elle !

En étudiant, en fouillant toutes ces choses grandes et profondes, nous trouvons en elle, nous découvrons que les vérités révélées sont tellement humaines qu'elles doivent être divines, et qu'elles sont tellement divines qu'elles doivent être humaines !... »

Que celui qui a des oreilles pour entendre comprenne !...

Et pour résumer tout ce qui concerne la force, l'efficace, la beauté des vérités contenues dans la Révélation, disons que c'est « un lingot d'or ».

Déchirez l'enveloppe, mettez-la en pièces, brûlez-là, « le lingot d'or subsiste », il résiste à tous les assauts, et l'esprit français n'est pas incapable de faire un travail d'assimilation quant à son contenu, car dans un temps maintenant écoulé, la force morale la plus grande, la plus intense, émanant de la foi, s'est manifestée pleinement et dans toute son étendue.

Alors l'on a vu éclore les grandes, les glorieuses manifestations de la force morale, alimentée par la « foi ».

— A quel temps cela ?

— Eh bien, dans les siècles passés !

Nous parlons de la Révocation de l'Édit de Nantes, ce temps des persécutions religieuses si cruelles qui avaient été précédées par les affreux massacres de la Saint-Barthelémy, cette boucherie humaine où les bourreaux se ruèrent sur les victimes innocentes à l'instant même où l'église de Saint-Germain-l'Auxerrois à Paris sonna le glas funèbre.

En une seule journée l'on répandit des flots de sang si considérables que les eaux de la Seine en furent rougies, noble sang dont la France entière fut arrosée et qui fit perdre à la patrie le meilleur de ses sujets.

Journée à jamais néfaste. tache à jamais ineffaçable et sans précédent dans l'histoire des peuples civilisés, où ceux de tout âge et de tout sexe furent lâchement assassinés, et pourquoi ? parce qu'ils résistaient à leurs persécuteurs, voulant rester fidèles au « Dieu vivant et vrai ».

C'était bien là le temps des héros de la foi, où des hommes, des femmes. et même des enfants, des vieillards, c'est-à-dire ceux qui ont le moins de force pour supporter les souffrances physiques, ont mieux aimé tout endurer et mourir sur des bûchers, plutôt que de renier Celui qui était leur Dieu !

— Alors. qu'était-ce en eux que cette « force morale » qui communiquait au martyr non pas le désir de vivre, mais « la joie de mourir » ? Ils chantaient des cantiques d'actions de grâce en présence de la mort sous toutes ses formes : échafauds, bûchers. brûlés vifs. exposés à mille tortures qu'inventait la méchanceté de leurs bourreaux.

Ils vivaient en présence de Celui qui est invisible aux yeux de la chair,... ils Le voyaient. ils allaient vers Lui, pardonnés. sanctifiés, tout prêts pour Sa rencontre... ils ne croyaient pas « au néant », ils croyaient en Dieu le Père, en Dieu le Fils qui sauve, en Dieu le Saint-Esprit qui sanctifie !

Ces affreuses persécutions religieuses furent une faute à tous les points de vue incalculable, elles firent baisser le « niveau moral » de la France, elles inaugurèrent le « dépérissement moral » dont nous souffrons, et ici la France a signé en lettres de sang sa propre déchéance !

D'autant plus que le meurtre appelle le meurtre... le sang appelle le sang, et par un effet de cette hérédité dont on parle tant aujourd'hui, les descendants des bourreaux se déchirèrent entr'eux, se détruisirent de leurs propres mains, au jour de la grande révolution française... Si le bon élément de la vie chrétienne n'avait pas été balayé comme par un vent de tempête, les horreurs et les terreurs de la révolution n'auraient pas été si affreuses !

« Les héros de la foi religieuse ! » Une nation qui ne peut plus produire de ces hommes-là est une nation déchue, en voie de décomposition, et l'on doit se retourner contre elle et lui dire :

« Oh ! France, je ne reconnais pas en toi le sang de tes aïeux ! »

V

Aux temps nouveaux, nouvelle école ! autant pour la jeune fille que pour le jeune garçon, c'est-à-dire animer l'éducation d'un esprit nouveau, et quant à l'instruction, enseigner moins de choses et les connaître mieux, car il est rare qu'une jeune intelligence, encore novice dans la science, puisse se retrouver au milieu du dédale de connaissances dont on veut la nourrir, les étudier d'une manière plus réfléchie, plus logique, les comprendre et les classer.

Mais il est surtout ici question de « l'éducation » qui demande à être plus virile, et moins efféminée, l'éducation que l'instruction proprement dite ne produit pas, l'éducation qui atteint l'âme, la conscience et le cœur, c'est-à-dire le centre des affections et de la vie morale... cela d'autant plus que la vie des nations se compose de la vie des sociétés, la vie des sociétés se compose de la vie des familles et la vie des familles se compose de la vie des individus.

Il faut donc ainsi former « l'individu » dont se compose la nation, et cela par une éducation vraie et non factice, il faut l'armer pour la vie d'une manière générale et lui enseigner le respect du faible et la beauté du courage moral.

Au jeune garçon comme à la jeune fille leur apprendre à vivre, non pour eux-mêmes seulement, mais à vivre pour autrui, c'est-à-dire vivre en vue d'un but plus élevé que le seul bien-être de sa personne, vivre comme faisant partie de la grande famille humaine, par conséquent vivre par la sympathie, le renoncement à soi-même, le dévouement à toutes les grandes causes qui concernent le bien de l'humanité souffrante, vivre pour aider, pour consoler, pour affermir tout ce qui est bien et tout ce qui est bon, en un mot vivre comme faisant partie d'un tout, comme étant membre utile, membre actif, en un mot, « membres les uns des autres ».

Sera-t-il le pied, la main, la tête du corps, n'importe, pourvu qu'il en soit l'un des membres et qu'il se montre digne de sa vocation.

Au jeune homme comme à la jeune fille, leur enseigner le respect d'eux-mêmes et le respect l'un de l'autre.

Leur inculquer « un idéal » qui soit haut placé, car que faire, à quoi réussir, si l'âme n'est pas animée de grandes aspirations ! Avoir un but, un noble but, à leurs efforts, à leur travail, à leur activité, et que ce but consiste, qu'il ait pour objet, le respect de la femme en général, ou bien le respect de la mère, le respect de la sœur, et, plus tard, le respect de l'épouse!

Ainsi, dans la pratique, il se trouvera nécessairement des différences d'éducation, entre l'un et l'autre sexe, suivant le caractère, les dispositions, les aptitudes individuelles.

Par exemple, un jeune homme aura la bonne volonté de se consacrer à la cause de la justice, comment s'y prendre, où trouver son vrai milieu?

Le barreau s'offre à lui comme étant particulièrement bien placé pour faire avancer cette œuvre de justice, et quel bien ne pourra-t-il pas faire en lançant ses efforts de ce côté-là, car le terrain est si vaste, l'arène de la lutte est si grande, que si l'on veut aboutir à quelque résultat satisfaisant, il faut limiter son action, et se rendre un compte exact de ce que l'on veut entreprendre et obtenir.

Le jeune homme se proposera donc d'étudier, de chercher, de fouiller dans les articles que l'on dit inextricables du code civil, du code pénal et du code criminel, et de découvrir par quels termes la loi qui se dit : protectrice des bonnes mœurs en punissant les attentats à la pudeur, devient elle-même, par ses contradictions, provocatrice et protectrice du vice.

Il cherchera à dévoiler comment l'État est lui-même fautif et coupable de la situation dégradée de toute une portion de l'humanité, et il intentera procès à l'État, afin de relever la femme, par elle de relever l'homme et puis... de relever la France!

Dans ce court programme quel vaste horizon parcouru, et combien il a l'air d'être présomptueux, mais que faire, à quoi réussir, si l'âme n'est pas animée de grandes aspirations : la foi transporte les montagnes! Ainsi le jeune homme aura un but, un noble but à ses efforts, à son travail, il utilisera ses belles aspirations de la jeunesse qui bouillonne en lui.

Ensuite, il se lancera dans la mêlée, il descendra dans l'arène où sont les batailles de la vie sous toutes ses formes, et la lutte pour l'existence morale, intellectuelle et religieuse.

Dès lors, la jeune fille aussi devra se mettra à l'étude, au labeur, à l'initiation pratique de la vie — l'élever en vue de l'avenir et des destinées nouvelles auxquelles elle sera peut-être appelée — faire des jeunes filles des êtres réels, intelligents, capables de tenir tête à toutes les situations.

Et puisque le mépris de la femme, l'on cherche à le légitimer de toutes manières, en alléguant une prétendue infériorité de sa part comme facultés intellectuelles, il faut instruire la jeune fille de manière à ce qu'elle puisse soutenir vaillamment la comparaison avec l'instruction donnée à l'homme, et la préparer de toutes manières aux luttes pacifiques mais obstinées qu'elle aura sûrement à soutenir pour revendiquer ses droits à l'existence.

L'élever dans « le travail » sous toutes ses faces, car l'oisiveté, c'est la servitude, et le travail, c'est, pour elle, l'indépendance !

Et comme rien ne plaît à la femme autant que la vie de « dévouement », ne pas lui laisser supposer que le mariage soit la seule forme de dévouement qui soit à sa portée.

Elle se dévouera à n'importe qui et n'importe quoi, qui sait plutôt que de ne pas se dévouer du tout, elle se dévouera avec ténacité, il est donc bien important de lui ouvrir les yeux et de lui montrer tous les malheurs qui appellent son secours et son aide: qu'elle apprenne à protéger, à conseiller, et plus elle travaillera de ce travail qui est la « charité », plus elle apercevra de nouvelles perspectives d'utilité, et elle en viendra à n'avoir plus un seul moment à consacrer... ou à perdre à la rêverie.

— Tout cela est bon, sans doute, mais cela ne prépare pas suffisamment la jeune fille à sa vocation future, elle doit cependant s'occuper de sa toilette, chercher à se rendre jolie, afin de plaire à Monsieur.

— Vous voulez qu'elle ait « la beauté du diable », au lieu de revêtir la beauté morale !... Et cependant, il est bien vrai que la beauté passe et que la grâce s'évanouit, mais que la femme qui craint l'Éternel, c'est celle qui sera louée !

Il faut donc, au contraire, inspirer à la jeune fille le mépris de la beauté physique, comme étant pour elle le plus dangereux de tous les dons, et à dédaigner la toilette, en tant qu'elle cherche à augmenter la beauté et la grâce du corps... Il est d'ailleurs mauvais pour elle de s'appliquer trop longtemps à la confection de ces éternelles broderies, à ces bandes festonnées, ces bagatelles, ces riens, que sais-je, toutes ces fantaisies pour lesquelles elle n'a déjà que trop de goût... tout ce travail d'aiguille, à moins qu'il ne soit une nécessité absolue, ce travail machinal laisse trop de prise aux divagations de l'imagination, il tue la pensée réelle et pratique, en cela on doit le considérer comme mauvais.

— La jeune fille ne doit-elle pas, en premier lieu, apprendre à « obéir »? puisque ce sera là l'élément de sa vie, la vie de la femme n'étant jamais qu'un long dévouement, une longue abnégation d'elle-même, et cela dans n'importe quelle situation elle peut se trouver !

Apprendre à obéir, cela dépend des natures, et le plus souvent la femme, la jeune fille devra apprendre non pas à obéir, mais à se révolter d'une sainte révolte, révolte de bon aloi, autant de cas particuliers qu'il faut connaître et ne pas craindre de les regarder en face, car si plus tard la pauvre femme se laisse aller à ne pas avoir dans l'âme une certaine dose de révolte, l'on ne peut savoir jusqu'à quel point d'inertie, d'incapacité, d'inconscience elle descendra pour la plus grande honte de son sexe.

Si l'on peut dire avec justesse: « Tel maître, tel valet », l'on peut ajouter avec non moins de raison : « telle mère, tel fils », puisque c'est elle qui façonne sa jeune intelligence comme une pâte molle, qui forme sa jeune âme et lui imprime pour toute la vie un cachet spécial.

Anisi, de la manière dont la femme est élevée dépend le sort, la dignité, la respectabilité d'une nation, et si la patrie demande à avoir des hommes libres et forts, il faut avant tout que la femme soit libre et forte.

A cette condition seule l'on aura « des hommes », au vrai sens du mot, car la femme est « la dépositaire attitrée de l'influence morale ! »

Enseigner à la jeune fille à s'occuper d'autrui, et à vivre pour le bien d'autrui, à ne pas négliger les devoirs petits en apparence,. et qui sont grands en réalité, ce sera assurer son bonheur, et comme l'exemple et surtout le bon exemple est contagieux, l'activité que la jeune fille déploiera pour le bien d'autrui, sa sollicitude pour les pauvres, les malades qu'elle se plaira à soulager, à consoler de toutes les manières, sera déjà un grand bien pour l'humanité, en donnant un bon exemple.

Ceci agira à la longue et d'une manière inconsciente peut-être ! D'autres ensuite marcheront dans la même direction et vers le même but, elles s'affectionneront aux pauvres, aux malades, ce qui est bien nécessaire, car la parole de Christ est vraie, malgré toutes les utopies qui veulent nous donner à penser le contraire.

« Vous aurez toujours des pauvres avec vous ! »

La petite fille elle-même est déjà éducatrice et mère, mère par ses sentiments instinctifs.

Voyez-la manier, soigner sa poupée comme si c'était un être vivant ; écoutez-la lui parlant, la grondant, lui donnant à manger, lui enseignant une foule de choses, animée déjà de tous les sentiments maternels.

Quelle influence donc ne possède-t-elle pas en mains pour enseigner, pour instruire ?

Il est donc important qu'elle sente pour elle-même toute la valeur de l'enseignement qu'elle communique à autrui, qu'elle se rende compte de ses croyances et puisse les expliquer, les définir, les légitimer.

Voici à l'écart une chapelle de modeste apparence, entrons, en dissimulant notre présence qui pourrait être inopportune !

Attendons tranquillement ainsi que quelques enfants qui sont là assis, et d'autres qui arrivent les uns après les autres en parlant ensemble à demi-voix.

Nous apercevons une jeune fille qui arrive ; à son apparition, tous les enfants se lèvent, se tiennent debout, et plusieurs d'entre eux viennent à elle avec abandon.

Elle les accueille affectueusement, comme ferait une maman :

— Bonjour, mes chers petits !

Suzanne, mettons qu'elle se nomme Suzanne, embrasse quelques-unes des fillettes qu'elle connaît plus particulièrement.

Un petit garçon aux cheveux blonds frisés, aux yeux bleus, tend aussi sa jolie bouche rose pour recevoir un baiser.

Il a l'air tout glorieux, tant il est content.

Après toutes les effusions de ses jeunes amis:

— Eh bien, nous voulons commencer, n'est-ce pas ?

Asseyez-vous, enfants, et chantons un verset de cantique.

Suzanne lit :

> Jésus est notre ami suprême,
>   O quel amour !
> Plus qu'un tendre frère il nous aime !
>   O quel amour !
> Ici famille, amis, tout passe,
> Le bonheur parait et s'efface,
> Son cœur seul jamais ne se lasse,
>   O quel amour !

Et des voix enfantines, fraîches et pures. s'élèvent en cadence. articulant bien nettement les paroles ci-dessus.

Puis vient l'interrogatoire :

— De qui avons-nous parlé dimanche dernier ?

— De Dieu, répondent quelques voix.

— Et qu'avons-nous dit de Dieu ?

L'un des écoliers :

— Qu'Il est grand. très grand, parfaitement bon et juste tout ensemble !

— C'est Lui qui a créé les belles étoiles et la lune que l'on voit briller dans le ciel, dit un jeune garçon d'un air affirmatif.

— Et puis, Il a créé le bel arc-en-ciel que l'on contemple après la pluie.

— Et encore ces beaux couchers de soleil que nous admirons le soir. Maman dit que c'est splendide comme le paradis, ajouta une grande fillette.

Un jeune garçon, resté un peu boudeur jusque-là, s'écrie :

— Eh bien, oui, mais mon papa à moi prétend que toutes ces choses sont des bêtises ! que Dieu... personne ne l'a vu, qu'on ne le verra jamais, et mon papa ne croit que ce qu'il voit de ses propres yeux.

Ici, Suzanne qui laisse toujours une grande liberté aux enfants d'exprimer toutes leurs petites idées, croit devoir intervenir, après avoir laissé champ libre à cette colère intempestive.

— En effet, mon ami, nous n'avons jamais vu Dieu, car voir Dieu dans sa splendeur et vivre, c'est impossible.

Un jour cependant, toi et moi, nous le verrons face à face, s'Il nous prend à Lui, comme je l'espère.

Pour le moment, nous Le connaissons par Ses œuvres.

Ton papa pense-t-il que le soleil, la lune et les étoiles se soient créés tout seuls ? Dans tout ouvrage, surtout un aussi grand ouvrage, il y a un ouvrier, n'est-ce pas ?

C'est cet ouvrier que nous appelons « Dieu ».

Et nous l'adorons comme tel, étant notre Créateur, notre Maître et notre Roi !

Comprends-tu ?

— Oh oui, je comprends bien, mais quand mon

papa dit... des choses, je ne sais pas toujours que lui répondre, ni comment lui expliquer, alors ça me fait du chagrin.

Et l'enfant, le cœur gros de larmes, commençait à pleurer.

— Eh bien, dis-moi mon petit ami, si Dieu est si grand, si puissant, si habile ouvrier, qu'Il a créé le Ciel, la terre et tout ce qu'ils contiennent, où est-ce qu'Il veut demeurer?

— Dans notre cœur, disent des voix.

— Tu entends!... Eh bien, laisse Dieu demeurer dans ton cœur, et à ce Dieu qui aime les petits enfants, dis-lui tout ce qui te chagrine, et demande-Lui de t'apprendre à répondre comme il faut à ton papa.

— Mais, c'est que je suis bien méchant, moi, quelquefois je me mets en colère et mon papa me donne des soufflets, ou bien il me tire les oreilles, et moi je crie bien fort et je frappe du pied, alors, je pense bien que Dieu n'aime pas cela.

Je ne sais pas comment faire, moi, je suis trop méchant!

— Eh bien, demande pardon à Dieu, car Il sait bien que tu es méchant, et il est là justement pour te pardonner et te rendre meilleur.

Et tu verras, comme cela, si les choses ne vont pas mieux !

L'enfant se remettant un peu:

— Oui, j'essayerai !

— Moi, je ne comprends pas bien comment quelqu'un de si grand que Dieu peut venir demeurer dans un tout petit cœur comme le mien, par exemple. Cela m'étonne, dit l'une des fillettes.

— Ce Dieu qui a créé tant de choses grandes et belles, c'est le même qui a créé aussi la petite fourmi, les insectes les plus imperceptibles et les fleurs les plus mignonnes.

Dieu s'abaisse jusqu'à nous, mon enfant. Il ne reste pas relégué tout seul dans la hauteur des Cieux! Son esprit va partout! Il est bon, Il est amour, Il aime ses créatures et Il veut aussi que ses créatures l'aiment et que tous deviennent Ses enfants.

— Mais quand Il voit que les hommes sont si méchants, Il doit être bien en colère, dit l'enfant.

— Sans doute, aussi quand Dieu se met à punir, Il punit bien, je t'en réponds.

C'est pour cela que le Fils de Dieu est venu sur la terre, afin de recevoir sur sa tête toute la colère de Dieu, et que les hommes soient épargnés et sauvés, s'ils se réfugient en Jésus-Christ!

De sorte que tous ceux qui acceptent avec joie et reconnaissance pour leur Sauveur cet envoyé de Dieu, ceux-là trouvent en Dieu non plus un Juge irrité, mais un Père céleste, tendre et plein de compassion!

— Ah oui, justement, reprit le petit garçon, mon papa dit encore qu'on s'est tellement moqué du nom de Jésus-Christ qu'il ne comprend pas que des gens sensés puissent parler de Lui sérieusement.

— En effet, ce nom saint est méprisé, traîné dans

la boue, expliqua encore la maîtresse, mais cela par ceux qui ne comprennent pas tout ce qu'Il signifie de pur et de bon !

Christ veut dire « oint de Dieu avec nous ». Et si les choses de Dieu sont méprisées par un grand nombre, que cela ne nous empêche pas, mes enfants, de nous affectionner à elles toujours davantage, et de nous estimer heureux de les posséder.

— Mon papa dit que l'on ne peut pas imaginer comment Dieu peut avoir un fils... qu'Il n'est pas comme les hommes pour avoir des enfants.

— N'est-ce pas, tu ressembles à ton papa ?

— On le dit souvent.

— Il en est de même ici, Jésus-Christ est le « Fils de Dieu » en ce qu'Il est « l'image empreinte de sa personne ».

Il est « l'expression de Dieu ».

L'on peut dire : Il est la « Parole de Dieu », car Dieu a parlé par sa bouche, voilà comment Il est « Son Fils », Il est l'organe de Dieu.

Ce n'est pas matériellement que Jésus est Fils de Dieu, c'est spirituellement.

Ces choses ne sont pas difficiles à comprendre, mais de ces grandes vérités, nous ne connaissons encore que le bord, la limite extrême.

Le temps viendra, où voyant Dieu face à face, nous pourrons sonder toutes choses.

Mais, pour le moment, c'est à dimanche prochain, mes chers enfants, que nous continuerons à parler ensemble.

Nous ne pouvons pas tout expliquer en une fois, n'est-ce pas?

Ce n'est même que très à la longue que les plus âgés d'entre vous pourront se rendre un compte plus ou moins exact des grandes, belles et importantes vérités contenues dans le Saint-Livre.

Vous aurez soin d'apprendre pour la prochaine fois, ce passage-ci:

« Dieu a tant aimé le monde qu'Il a donné son Fils au monde, afin que ceux qui croient en Lui ne soient point condamnés, mais qu'ils aient la vie éternelle! »

Oui, mes enfants, à l'âme immortelle, c'est Dieu qu'il lui faut pour « aliment, pour espoir et pour amour »!...

Cette école du dimanche nous fournit la preuve de tout ce qu'une jeune fille peut accomplir, peut expliquer pour l'éducation religieuse et morale d'enfants qui lui sont étrangers, et quelle influence salutaire elle peut exercer, toute jeune qu'elle est, par le seul fait de « l'Evangile bien compris ».

« Laissez donc venir à moi les petits enfants, dit Jésus, et ne les empêchez point, car le royaume de Dieu est pour ceux qui leur ressemblent », c'est-à-dire pour ceux qui sont simples de cœur et attentifs à la « voix de leur conscience »!

VI

— Le féminisme... après qu'il a émis ses idées et
déduit ses raisons, à quoi en arrive-t-il et quelles
sont ses conclusions?

— Dès que « la femme », bien différente de ce que
l'on appelle les « femmes », aura rétabli en elle-même
et pour elle-même tout d'abord, puis autour d'elle,
les droits de « l'âme, de la conscience », reste à savoir
discerner la route à suivre et se décider pour un
chemin ou pour un autre d'après les indications de
sa propre conscience éclairée des lumières de la vérité religieuse et sociale, d'après sa propre conscience et non celle d'autrui; la femme alors devient
responsable d'elle-même, c'est ce qui s'appelle « le
libre arbitre » ; dès lors elle peut, elle doit aspirer à
toutes les libertés bien comprises et bien entendues !
Elle a pris possession d'elle-même, de ses devoirs;
qu'elle entrevoie aussi « ses droits », car le droit et le
devoir, le devoir et le droit marchent toujours ensemble.

La femme qui aura travaillé pour conquérir sa liberté intérieure devra se mettre à l'œuvre pour conquérir aussi sa liberté extérieure, sachant que la possession de la liberté n'est pas « une usurpation » et que Jésus-Christ, lequel a prononcé en faveur de la femme des paroles d'affranchissement, est le premier aussi qui a parlé de liberté au monde : avant lui, l'idée même de liberté n'existait pas, et, dès lors, tout crie à l'être humain : Liberté !

> L'aigle au vol indompté semble te rendre hommage,
> Le bleu miroir des lacs réfléchir ta beauté,
> Et le bruit des torrents dire à l'écho sauvage :
> Liberté ! Liberté !

Après que la femme aura conquis sa liberté, elle possèdera aussi tous les bienfaits de l'égalité et ceux de la fraternité.

Il faut ainsi que le féminisme se développe, car aussi longtemps qu'il en restera à l'état de simple « théorie sociale », il n'y aura rien de fait ; il doit sortir des langes, sans cela des réformes partielles pourront se produire sans doute, mais rien de solide, de durable, de complet ne pourra être réalisé.

— Est-ce que le féminisme veut que la femme gouverne ?

— Qu'elle gouverne, non, mais qu'elle ait sa part dans les affaires importantes du gouvernement, oui, qu'elle soit à l'œuvre, de concert avec l'homme, que les « deux facteurs » de l'humanité puissent s'enten-

dre pour marcher résolûment dans les « réformes »,
les transformations sociales qui doivent s'opérer,
sans cela, la femme obtiendra bien de certaines vic-
toires en faveur de sa cause, lesquelles auront
certainement une grande valeur, mais qui resteront
toujours à l'état de « faits isolés », tant que la base
même de la situation n'aura pas été, non seulement
modifiée, mais transformée du tout au tout.

C'est seulement quand la femme aura le droit de
vote et de contrôle qu'elle aura l'arme en mains
pour faire abolir du même coup ou progressivement
tous les abus de l'homme sur la femme, toute loi
d'exception dont la femme est victime !

— Combien sont-ils ?

— Ils sont une « légion », que nous ne pouvons
passer en revue maintenant, mais dès que l'arbre
se nourrira d'une sève nouvelle, tous les fruits qui
en résulteront seront meilleurs ; le droit de la femme
étant reconnu, celui-ci d'autant plus important qu'il
se double et se triple du « droit de l'enfant ». Le
droit de l'enfant qui consiste en ceci : Trouver à son
arrivée dans ce monde un père et une mère qui l'ac-
cueillent avec tendresse et qui l'élèvent de manière
à produire un membre digne de la société à laquelle
il appartient.

Quand les deux facteurs de la société travailleront
de concert et sur un pied d'égalité, toutes les affaires
sociales, politiques et autres s'en ressentiront en
bien, la femme introduisant dans les affaires du
gouvernement l'esprit d'ordre et de méthode qui la

caractérise, l'on risquera moins de « piétiner sur place »!... comme il se fait à cette heure.

L'isolement dans lequel on relègue la femme, et cela systématiquement, est l'une des raisons qui font que tout échoue, en fait de réformes positives; l'homme étant incapable, sans le secours de la femme, d'en arriver à quelque chose de complet et de durable.

— Comment en arriver là ?

— C'est bien simple!... l'ensemble sérieux du féminisme doit unir ses efforts sans distinction de rang, d'étiquette, de religion, de secte, de nationalité, de position sociale, de vocation, s'unir dans un but unique et suprême, sachant mettre de côté toute ambition personnelle, méprisant les railleries, les sarcasmes qui ne manqueront pas de l'atteindre, laissant ainsi de côté tout ce que l'on peut appeler les petits côtés de la question.

L'« union des femmes » devra posséder un local de réunion, devenir un « corps social », elle aura un organe, un « organe attitré », c'est-à-dire une voix qui se fasse entendre suffisamment pour que l'on puisse dire : « L'union des femmes a parlé »!...

— L'on peut se demander: l'argent d'où viendra-t-il, qui voudra payer?

— L'union des femmes travaillera, elle pourra donner des concerts, préparer des ventes pour son entretien, et n'aura jamais de dettes ; chaque membre travaillera selon ses forces, ses capacités, ses moyens, de manière à pouvoir réaliser « une pour toutes, toutes pour une ». Ce sera la meilleure expression de ce qui s'appelle « la solidarité ».

Le féminisme n'avancera que grâce à cette union générale de toutes les forces féminines, qui, se plaçant au-dessus de toute revendication de détail, créera un grand ensemble de protestation féminine, composé de toutes les femmes de cœur, femmes d'esprit, femmes d'idéal, femmes de volonté, femmes fortes, femmes pratiques, femmes honnêtes, toutes les femmes enfin s'unissant en un même faisceau, et qui constituera « une force », une forc pour « vaincre ou mourir », tant le terrain de la lutte est encombré, couvert de ronces et d'épines qui vous déchirent.

Mais la femme est en jeu, elle seule doit agir envers et contre tous les empêchements, et quand l'on verra cette « union des femmes » marcher seule, sans le secours de l'homme, l'on prendra de la considération pour elle, et, au lieu d'entraver son action, l'on voudra la soutenir, lui aider !... Elle inspirera le respect, et au lieu du mépris de la femme qui s'installe librement, au lieu de s'écrier :

« Ah, la femme, la vraie, où est-elle ? elle n'est nulle part, nous la cherchons et ne la trouvons pas : tout à l'égoût cette gent féminine, l'on pourra dire :

— La voilà, la femme, la vraie, elle nous est rendue sous les auspices de :

« Liberté — Égalité — Fraternité. »

Ainsi la femme vaillante ne désespère pas de sa cause, car elle te voit là-bas : « devise nationale, »

« Liberté — Égalité — Fraternité ».

De loin, la femme te considère, elle t'examine,

elle interprète à sa manière ta haute signification, car tu n'es autre qu'un « transparent » à travers lequel apparait la bonne nouvelle apportée par Jésus-Christ.

Tu brilles à ses yeux du plus vif éclat, et tu es « une lumière » qui apparait au sein de l'obscurité, une lueur d'espoir !

L'espoir d'un avenir meilleur !

« Liberté — Égalité — Fraternité », devise souriante et pleine de promesses, la femme les contemple ces mots, et s'écrie :

Voilà l'idéal qu'il faut atteindre et réaliser, à n'importe quel prix, voilà le but vers lequel il faut marcher !...

A cette vue, le découragement dont elle est facilement envahie veuille se dissiper, car partout ils apparaissent ces mots sacramentels :

« Liberté — Égalité — Fraternité. »

Et dans ce Paris, dont il faut renoncer à sonder les gouffres et les abimes, c'est bien toi, devise nationale, qui attire le plus tous les regards, l'attention et la méditation :

« Liberté — Égalité — Fraternité. » On les aperçoit sans cesse et de tout loin, incrustés dans la pierre, sur le marbre, sur les piliers massifs, sur le fronton de tous les monuments, sur la façade des édifices !... sur celle des plus sombres cachots comme sur celle des palais somptueux, des musées, des bibliothèques, des temples, sur tout enfin qui est de propriété nationale, et sur toute l'étendue du territoire français.

« Liberté — Égalité — Fraternité », ils brillent sur les monnaies, sur les bannières, ils servent d'en tête aux déclarations officielles, et viennent, sous une forme ou sous une autre, frapper le regard constamment.

A leur vue, l'on s'arrête fasciné, on les contemple, ils enchaînent la pensée, fascinent l'imagination et même. à la fin, ils nous obsèdent, ils nous fatiguent. ils nous hantent, et l'on voudrait s'écrier avec reproche :

« Eux toujours, eux partout! »

A travers mille péripéties douloureuses, la France les a voulus. ces mots, si simples et cependant si profonds. elle les a choisis, elle les a définitivement posés à son programme. et cela, sans comprendre peut-être tout le sens. toute la valeur religieuse et sociale qu'ils impliquent, d'une manière inconsciente! mais tout cœur patriotique est enthousiasmé de « liberté — égalité — fraternité », tellement que ces trois termes de la devise nationale ne sont jamais prononcés du haut de la tribune ou ailleurs sans exciter des bordées d'aplaudissements, et l'on sent qu'ils éveillent dans l'âme de chacun un puissant écho de sympathie, d'amour et de confiance dans l'avenir.

« Liberté — Égalité — Fraternité », tu es un transparent à travers lequel resplendit la bonne nouvelle d'un relèvement de l'humanité déchue, par l'Évangile dont tu es le résumé pratique, car tu n'es pas issue de la terre qui. au point de vue moral, ne peut produire que des épines et des chardons, maudite qu'elle est à cause du péché, et ce ne sont pas non plus les barbares qui auraient imaginé de mettre en lumière les grandes vérités humanitaires, sociales, égalitaires dont tu es le représentant.

Oui, glorieuse devise, tes origines sont célestes, tu portes tous les caractères de ta divine origine et tu fais partie des plans de Dieu à l'égard de l'humanité tout entière et de la France en particulier; c'est pour elle la presque certitude d'une vie et d'une force nouvelle puisée dans les vérités dont tu es le dernier mot, la réelle expression, si toutefois la France sait, non seulement t'admirer, mais te réaliser, te comprendre et te mettre en pratique.

Cependant! ô contradiction, la France accepte la devise tout en rejetant Celui dont la devise est le rayonnement, et la France, privée de Dieu, est un corps sans âme, sans vitalité, un corps qui dépérit parce qu'elle repousse l'Évangile!

Ah, elle ne le connaît pas dans sa grandeur, dans son humilité, dans son humanité tout ensemble. Elle reste ensevelie sous un joug d'ignorance et d'erreur, fourches caudines sous lesquelles elle succombe, elle reste courbée tout en gémissant, au lieu de se relever glorieuse, et pour cela il faut:

> Que l'Évangile se répande,
> De l'aurore jusqu'au couchant,
> Que de tous côtés l'on entende,
> Le même cri, le même chant!

Jadis les rois tenaient le haut bout du pavé; ils étaient à la tête de la société, mais les temps ont changé, le siècle a marché, les idées se sont assises... et, à l'heure actuelle, ce ne sont plus les rois, ce sont les peuples qui marchent en avant... ils revendiquent leurs droits à la liberté, à l'égalité et à la fraternité.

Parmi les peuples, c'est maintenant en vue de la femme que doit se diriger la marche, aujourd'hui qu'un grand souffle de clémence, d'affranchissement, de liberté parcourt le monde d'un pôle à l'autre: pour cela, la question qui touche à la femme prime toutes les autres questions, elle est à la base de la question sociale, elle est la grande pensée du siècle et la plus grande préoccupation de cette « fin de siècle ».

A divers indices même, l'on peut supposer que la cause de la femme est plus avancée qu'il ne paraît.

Le fruit sera peut-être bientôt mûr, et il tombera, car dans le monde un bruit se fait entendre, un cliquetis d'armes, au milieu duquel la femme marche, elle avance.... un réveil se produit, un réveil de l'opinion publique qui demande que la femme ait décidément sa place au soleil de justice, qu'elle ait son jour, son heure, pendant que le monde existe, que sais-je encore?

Car toute une phalange de femmes distinguées brille de tout son éclat dans la littérature, dans les arts, dans les sciences, dans la médecine, dans la peinture, dans la sculpture, et cela envers et contre toutes les barricades qu'élèvent contre elle l'orgueil et l'égoïsme masculin, jetant en cela un prestige sur le sexe tout entier.

Ainsi à la femme travailleuse appartiennent les promesses de l'avenir, et c'est bien elle qui pourrait le mieux s'écrier :

« L'avenir, l'avenir est à moi ! » Sans doute une voix répondra : « L'avenir n'est à personne » : quoi qu'il en soit, à travers les révolutions et surtout les évolutions de la pensée contemporaine, au centre du grand courant de liberté, d'égalité et de fraternité qui s'accentue de plus en plus, la femme gagne du terrain, la femme avance.

Elle avance, à elle appartiennent les promesses de l'avenir, en sa faveur se fera jour et bientôt peut-être le droit de toute personne humaine aux bienfaits de la devise républicaine :

« Liberté — Égalité — Fraternité ! »

VII

— Il est évident que les conclusions du féminisme
sont absurdes. Est-ce que l'homme supportera jamais que l'on attaque à ce point sa dignité et son
omnipotence ? Non, tout homme sera obligé d'affirmer que les interprétations du féminisme sont
mensongères, que même elles sont dangereuses,
quoi, lancer la femme sur la place publique, la
mettre aux affaires de l'État, y songez-vous ?

Tenez, voici une lettre que je reçois d'une dame,
preuve en est que les dames elles-mêmes ne se sou-
cient nullement d'avoir à s'occuper de pareilles
besognes et que les dames elles-mêmes seront
le principal obstacle à la réussite du féminisme,
je lis : « La femme est toujours un être faible,
souffrant, elle a besoin d'un guide, d'un conseil ;
son rôle est tout d'amour, de bienfaisance ; à elle
les soins du ménage et de la famille, l'éducation
de l'enfant : des filles qu'elle fasse de vraies femmes,
des garçons, les renforts de l'État ; laissez aux

hommes les affaires commerciales, politiques, l'entente avec les puissances étrangères ; à nous, femmes, les œuvres de bienfaisance, de charité, l'influence au foyer, etc. »

— Tout cela est très poétique, évidemment, et sans doute être toujours « l'ange charmant » du foyer domestique est la position idéale de la femme, mais ne peut s'appliquer qu'à quelques personnes privilégiées qui sont la grande exception, car la règle générale étant l'abaissement de la femme, la rend absolument impropre à vaquer à sa grande tâche au foyer, envers la famille, la société, la patrie !

Comment voulez-vous qu'elle élève des « hommes libres » si elle-même est assujettie ? c'est impossible ! et comme l'homme n'accordera jamais à la femme, d'une manière spontanée, aucune liberté, pas même la liberté de « bien faire », elle doit la conquérir, cette liberté, c'est là l'objet du féminisme.

— Mais la femme a toujours de l'influence sur son mari, elle le gouverne à son gré, elle lui dit un mot à l'oreille et le mari obéit, pauvres maris, pas besoin de féminisme !

— Sans doute, à force de flatteries, de caresses, de ruse et de subtilité, la femme fera marcher son mari comme il lui plaira ; seulement, ici, c'est pour elle une nouvelle école de fausseté et de mensonge, et... la moralité de la femme est par cela même compromise... non, il faut que « le droit de la femme » soit reconnu à ciel ouvert, en plein soleil, c'est-à-dire en place publique, au su et au vu de chacun, sans cela vous n'avez rien obtenu de réel en fait de relèvement moral !

— Oui, mais ce féminisme me harcèle, me hante, il m'est insupportable !

— Il est nécessaire, et c'est parce qu'on le méconnaît, qu'on l'éloigne, qu'on le calomnie, que tant d'œuvres, d'ailleurs excellentes, échouent dans leurs efforts, c'est que l'on ne comprend pas en quoi consiste la vraie question.

— Ne pourrait-on pas arranger les choses autrement ?

— Si vous aimez mieux le « collectivisme » en fait de rénovation sociale, c'est bien facile, on en parle suffisamment et l'on travaille en conséquence !

— Peut-être, mais qu'est-ce au fond que le collectivisme, je ne me rends pas bien compte ?

— Le collectivisme n'est autre chose que la mort de la société actuelle, c'est son enterrement, et pour cela il arbore le drapeau noir, en même temps que le drapeau rouge sang qui crie : « Mort à tous ceux qui s'opposent ! » Dans la société nouvelle « l'individu » n'existera plus, il se perdra dans la « masse », il devra travailler pour elle, et elle le nourrira ; mais pour la femme surtout la situation sera digne de pitié ; elle appartiendra à tout le monde, ce sera le communisme dans toute son étendue ; et les enfants aussi n'appartiendront à personne ; ils ne connaîtront ni leur père, ni leur mère ! votre fortune aussi, vos petites économies ne seront plus à vous, l'État, « la masse », absorbera tout, et vous ne serez plus rien ;

plus d'élan, plus de liberté individuelle, rien !...

Ce sera sous les pas de la société comme ces fosses profondes et souterraines, ces « oubliettes » des anciens châteaux de la féodalité; dès que le malheureux, sans le savoir, avait posé le pied sur la bascule, il tombait tout au fond sans pouvoir se relever, ni sortir.

Croyez que, entre deux maux, il vaut mieux choisir le moindre, travaillez donc à l'émancipation de la femme, et si vous sentez naître en vous quelque hésitation nouvelle à ce sujet, quelque scrupule que vous ne sachiez pas comment élucider, transportez-vous par la pensée au delà des océans, dans les États-Unis d'Amérique, dans ce pays jeune encore, ce pays neuf l'on pourrait dire, et voyez quelle place y occupe la femme : une place honorable !

En un mot, la femme est là respectée !

— Oui, sans doute, mais c'est bien différent !... La femme américaine est particulièrement instruite, dégagée de tout préjugé, c'est autre chose.

— J'en conviens, et c'est justement parce qu'elle est respectée qu'elle peut se lancer librement dans les sciences, dans les arts et dans tout ce qui constitue la culture de l'esprit et devenir une personne capable de se tirer d'affaire en toute occasion.

C'est pour cela même qu'elle peut aspirer, aussi bien que l'homme, et mieux que lui, à ce que l'on affirme, aux charges, aux responsabilités les plus haut placées et les plus difficiles.

Ici, ce n'est pas un escamotage, c'est une réalité

pratique, que la femme peut aspirer aussi bien que l'homme à une autorité prépondérante et bienfaisante, plus encore que lui, parce qu'elle introduira dans les affaires de l'État un élément moralisateur.

Elle pourra se montrer tout aussi capable de s'en occuper que tant de « savatés et bons viveurs », qui se font élire à grands frais, soi-disant pour défendre les intérêts du peuple.

Voyez, par exemple, combien en Amérique la criminalité est moins considérable, le paupérisme, la mendicité, le dévergondage ont diminué, la police n'a presque rien à faire et les prisons sont vides, ce qui signifie que tout a été mis sur un pied infiniment meilleur que quand les hommes seuls sont à la tête des affaires ; cela s'entend, dans les localités où la femme se mêle des affaires de concert avec l'homme, car tous les États d'Amérique n'en sont pas encore là, ça viendra !

C'est là que l'individualisme a produit toutes ses conquêtes ; « le préjugé », enraciné chez nous, n'existe pas ; on le foule aux pieds d une manière tellement absolue que quand les nôtres vont dans ces pays lointains, ils en sont fort étonnés et même stupéfaits au commencement de leur séjour.

Peu à peu, cependant, ils s'y habituent, comme dans le monde l'on s'habitue à tout, même aux choses dont l'on a dit :

« Fontaine, je ne boirai jamais de ton eau. »

L'Amérique est donc la gloire de l'individualisme, profitons de cette grande leçon pour combattre le

« collectivisme », qui serait la mort de l'individu, et par là de la société tout entière, la mort de la famille, le communisme des femmes et la mort de toute religion. c'est-à-dire « l'anarchie », qui s'avance au cri de « ni Dieu, ni maître ».

Allons donc de l'avant dans le féminisme ! car ici il n'est pas question seulement des intérêts de la femme, les intérêts de l'homme. non, de la société tout entière. sont en jeu dans le féminisme, que chacun devrait prendre en sérieuse considération.

— Chacun s'en occupe et s'en préoccupe, preuve en est que vous n'ouvrez pas un journal ni une revue, qui se respecte tant soit peu, sans qu'il soit question du féminisme.

— Sans doute. mais la plupart du temps, si l'on en parle, c'est pour s'en moquer, le tourner en ridicule, en faire la caricature. sur toutes les coutures, et le mépris perce, même à travers l'éloge ; tant il est vrai que le féminisme est une question encore fort peu connue et que pour le prendre au sérieux, il faut se heurter constamment à l'égoïsme, à la bêtise, à la routine, à la mauvaise volonté de ceux qui, en principe, se disent favorables au progrès social.

L'on ne peut méconnaître cependant que nombre de personnes sérieuses et bien pensantes ne demanderaient pas mieux que de voir la société féminine assise sur d'autres bases que celles d'à présent, mais de là à prendre une résolution, à prendre parti, il reste une grande distance à franchir ; et l'on ne cherche qu'à enrayer le mouvement.

— Mais les temps ne sont pas mûrs, l'opinion publique n'est pas formée !

— Si les temps ne sont pas mûrs, les temps avancent néanmoins, tout le dit, tout le prouve et l'opinion publique se préoccupe, plus que vous ne le pensez, de toutes ces questions : il existe tout un grand travail souterrain, qui éclatera tout à coup, mais que produira-t-il ? peut-être le collectivisme. L'opinion publique, elle est à tous les vents, elle met sa voile au vent, elle a tous les caprices, elle est un sable mouvant, c'est pour cela qu'il faut chercher à l'éclairer, à l'influencer en bien.

— Cependant j'ai une grave objection à vous présenter par rapport à cette situation nouvelle que vous voulez créer pour la femme, cette situation d'indépendance et de contrôle personnel sur tout ce qui la concerne, c'est que cette femme, nouvellement interprétée, n'est pas conforme aux indications que la Bible nous donne sur le rôle de la femme. Elle doit être soumise à son mari, elle doit se taire dans les assemblées, et tant d'autres choses que vous connaissez aussi bien que moi et qu'il n'est pas nécessaire de rappeler ici.

— Ici, je vous attendais, et je vous ferai remarquer que tout dans les Écritures tend à établir l'égalité morale et sociale entre l'homme et la femme.

Secondement, il est dit, en effet, que vos femmes se taisent dans les assemblées, mais c'est bien ici le cas de rappeler l'interprétation nouvelle, une interprétation toute pénétrée de « libre arbitre », sous l'empire de laquelle nous devons être placés, et de laquelle toute conscience humaine doit s'emparer fortement.

Cette interprétation demande à voir les choses de haut et en grand, sans s'arrêter à mille détails de personne ou de localité; c'est la seule manière possible de rester dans la vérité.

Que de choses il resterait à dire, mais ce sera pour une autre fois !...

A ce moment, terminons, en affirmant que « le féminisme a cru, c'est pourquoi il a parlé », dans le sens de la grande devise nationale :

Liberté ! — Égalité ! — Fraternité !

Honni soit qui mal y pense ! et...,à bon entendeur,

« salut. »

Original en couleur

NF Z 43-120-8

BIBLIOTHÈQUE

NATIONALE

CHÂTEAU

de

SABLÉ

1991

www.ingramcontent.com/pod-product-compliance
Ingram Content Group UK Ltd.
Pitfield, Milton Keynes, MK11 3LW, UK
UKHW020822120726
13693UKWH00002B/424